BPSモデルで理解する

誰もが知っている「緊張」の、誰も知らないアセスメントとアプローチ

編著

淀川キリスト教病院緩和医療内科・ホスピス 医長
山根 朗

和光大学現代人間学部心理教育学科 教授
髙坂康雅

MC メディカ出版

まえがき

本書を手に取ってくださりありがとうございます。この本は「緊張」と「BPS（Bio-Psycho-Social あるいは生物・心理・社会）モデル」と「多職種連携」の実践書です。出版を前に友人から「マニアックだね」と言われましたが、これは重箱の隅をつつく本ではありません。

本書では３つのケースを中心に取り上げます。さまざまな緊張を柱とし、身体のこと（解剖学・生理学、疾病）、心のこと（精神疾患よりも心理学的な事柄やストレス）、社会のこと（関係性など）を、実践レベルでどう対処できるのかを解説しています。

１つ目のケースは筋肉の緊張やパーソナリティが関与している肺がん患者における呼吸困難の症例です。２つ目のケースは対人関係で生じる緊張と、心の防衛が強い（固い）緊張型頭痛の症例で、３つ目のケースは親子関係における慢性的な緊張状態が関与する過敏性腸症候群の症例です。これらは医療機関やカウンセリングルーム、あるいは教育機関において、決してまれではない、アセスメントしにくいケースの代表だと考えます。このようなケースを題材に、緊張のメカニズムを解説し、アセスメントとアプローチ方法まで幅広く紹介します。

第１章「緊張のメカニズム〜そのとき、身体に何が？〜」では、緊張とは何か、身体と心の接点である自律神経系と、緊張しやすい気質やパーソナリティについて考えます。第２章「緊張の現れ〜身体と心と関係性に〜」では、緊張が身体や人の認知・感情・パフォーマンスに与える影響、親密な関係性への緊張の現れ、精神疾患の位置づけなどを解説します。第３章「緊張のアセスメント〜BPS モデルで仮説を立てる〜」では、３つの仮想ケースの詳細に触れ、第４章「緊張に対する治療・アプローチ」では、リラクセーション法や心理療法にとどまらず、自分自身の緊張緩和について説明し、治療者の内面にまで切り込みます。

本書を通してクライエントや患者、そして自分自身のことをより理解し、より良い治療につながればうれしく思います。

2023 年４月

家族の寝顔に見守られつつ

淀川キリスト教病院緩和医療内科・ホスピス 医長　**山根 朗**

誰もが知っている
「緊張」の、誰も知らない
アセスメントとアプローチ

目 次

第3章 緊張のアセスメント～BPSモデルで仮説を立てる～

第4章 緊張に対する治療・アプローチ

コラム

編者・著者一覧

♥ 編　者

山根　朗　淀川キリスト教病院緩和医療内科・ホスピス 医長

髙坂康雅　和光大学現代人間学部心理教育学科 教授

♥ 著　者

はじめに1・2・3　第1章2　第4章1・2　コラム①・②・⑤

山根　朗　淀川キリスト教病院緩和医療内科・ホスピス 医長

はじめに3　第2章3　第4章1・3・4・6　コラム③・④・⑥

髙坂康雅　和光大学現代人間学部心理教育学科 教授

第1章1

志田有子　関西医科大学心療内科学講座 博士研究員

第1章3

飯村周平　創価大学教育学部 講師

第2章1

友田俊介　地方独立行政法人堺市立病院機構 堺市立総合医療センター内科 後期研修医

第2章2

阿部慶賀　和光大学現代人間学部心理教育学科 准教授

第2章4

小松賢亮　和光大学現代人間学部心理教育学科 准教授／公認心理師・臨床心理士

第3章1

大武陽一　たけお内科クリニック からだと心の診療所 院長

第3章2

種本陽子　聖路加国際病院心療内科 医師

第3章3

町田知美　独立行政法人労働者健康安全機構 東北労災病院心療内科 副部長

第3章3

町田貴胤　独立行政法人労働者健康安全機構 東北労災病院心療内科 部長

第4章5

市橋恵美子　関西医科大学附属病院地域医療連携部医療福祉相談課 医療ソーシャルワーカー

はじめに

「緊張」を知ることは何につながる？

はじめに 「緊張」を知ることは何につながる？

1 なぜいま「緊張」なの？

「緊張」は、ほとんど議論がされてこなかった

いまさらなぜ、「緊張」なのか？ どうしてわかりきったワードを本にまでする必要があるのか？ そんな声が聞こえてきそうですが、その理由はとても単純です。緊張は健康な人にも病気を抱えた人にも関係する日常茶飯事の現象であるにもかかわらず、一般社会でほとんど議論されず、医療現場においてもほとんど評価されていないからです。緊張をどうアセスメントするかについて少し想像してみてください。雲をつかむような感じがしませんか？本書はここをクリアにしていきます。

日本語の「緊張」が意味するもの

HADS（Hospital Anxiety and Depression Scale）を知っていますか？イギリスで開発された、不安と抑うつを評価する自己評価式の心理テストです。日本語版[1]はその妥当性と信頼性が評価され、精神科や心療内科以外でも汎用されています。この第1問は、「緊張したり気持ちが張りつめたりすることが；」で始まりますが、原文は「I feel tense or stressed；」です。つまり、「tense」の訳が「緊張」となっています。ただしこの第1問は「不安」としてカウントされる項目のため、ここでは、不安という心理的状態を把握するために「緊張」という言葉を用いていることが理解できます。

一方、この緊張を意味的に英語変換すると、anxiety、nervousness、strain、stress、tension、tightness、unease などとなり、英語圏にはまったくイコールとなる単語がありません。最近話題の ChatGPT（OpenAI 社）にこれらの意味の違いを聞くと、「“tightness” は多くの場合、身体の締め付

け感やこわばりのような物理的な感覚を指し、“nervousness／unease／anxiety”は、心配や恐怖といった心理的な状態を表すことが多いようです。“strain／tension／stress”は、心理的ストレスと身体的な締め付けや圧の両方を指す、精神的・身体的なニュアンスを持つことがあります」と返ってきました。

ところで、日本には身体の一部を含んだ多くの慣用句があります。そのなかから緊張と関連するものの一部を示します。

息が詰まる／固唾（かたず）をのむ／胸が高鳴る・騒ぐ・踊る／口から心臓が飛び出る／背筋が伸びる／手に汗を握る／足がすくむ

これらを見ると、私たちの身体感覚と感情とは密接に関連していることがわかります。不安という感情・心理が、心拍数の増加（胸や心臓）や筋肉の緊張（息や筋肉）といった生理的現象と関連することは想像に難くありません。「緊張」という日本語が、文化や歴史を背景とした心理的、身体・物理的現象を指していると理解できます。

では「緊張」がなぜ本格的に議論されてこなかったのか？ という話に戻しますが、それは日本語の「緊張」という言葉の曖昧さが、文脈によって多様な意味を生み出していることが関係していると考えます。例えば、「僕は今夜のデートに緊張している」という文章の後に、「なぜなら昨日、彼女と口げんかをしたから……」と続く場合と、「なぜなら、彼女との初めてのデートだから！」と続く場合とで、身体の緊張と心理的な緊張、関係性における緊張、またその質が変わってきます。

筆者は心療内科医のため、身体に起こる解剖学的・生理的現象（あるいは器質的・機能的状態）を心理社会的要因と文脈・ストーリーを絡めて考えながら治療を行っています。心療内科の領域では、「みる」という言葉においても、身体と心を分けずに「診る」と言ったり、患者の身体を通してその人の心理や生活・社会（関係性など）を「観る」と言ったりします。同様に、緊張という現象は多義的なため、身体と心と生活・社会（関係性など）の間を「埋めるもの」と理解できます。緊張は特に身体や行動によく現れるため、患者あるいはクライエントの身体に現れた「緊張」を起点として、心や生活・社会（関係性など）へと理解を進めていくことができるといえます。

本書では、緊張を一つの柱として、身体のこと、心理のこと、関係性のこと、身体と心理と社会のつながりを中心にひもといていきます。

心療内科医と公認心理師がコラボレーションする意義が少し見えてきましたか？ 昨今はストレス社会といわれて久しいですが、「緊張」は現象であり、観察可能で、かつ評価や治療につなげられる因子です。ぜひ「緊張」について、共に議論していきましょう。

引用・参考文献

1）八田宏之ほか. Hospital Anxiety and Depression Scale 日本語版の信頼性と妥当性の検討：女性を対象とした成績. 心身医学. 38（5）, 1998, 309-15.

（山根 朗）

はじめに 「緊張」を知ることは何につながる？

2 「緊張」をBPSモデルで考えよう！

「緊張」という曖昧模糊（もこ）な現象をアセスメントしようと思うと、「緊張」単独で考えるよりも、さまざまな事象とつなげて考えることが有用です。そこで、公認心理師国家試験のブループリントにも載っているBPS（Bio-Psycho-Social／バイオサイコソーシャル／生物・心理・社会）モデルを用いて緊張をもろもろの事象とつなげてみようと思います。

BPSモデルの誕生と必然

まずBPSモデルが誕生した歴史を簡単に振り返りましょう。いまもこの考え方が必要だということが理解いただけると思います。

1970年代後半、アメリカの精神科医ジョージ・エンゲル（G. L. Engel）が『Science』という有名雑誌に「The need for a new medical model：a challenge for biomedicine（新しい医学モデルの必要性：生物医学への挑戦）」という論文を投稿し、そのなかで初めて生物医学（Bio-Medical）モデルの対抗馬としてBPSモデルを提唱しました[1)]。エンゲルは、生物学的要因のみで捉える従来の生物医学モデルの限界に懸念を抱き、生物学的・心理学的・社会的要因の相互作用を考慮した、より全体的なアセスメントとアプローチを呼びかけたのです。

BPSモデルとは

BPSモデルでは、健康と病気について、生物学的（Bio）・心理学的（Psycho）・社会的（Social）要因の相互作用の結果として捉えます（病気だけではなく健康にも着目します）（**図1**）[1)]。また、それぞれの要因がほか

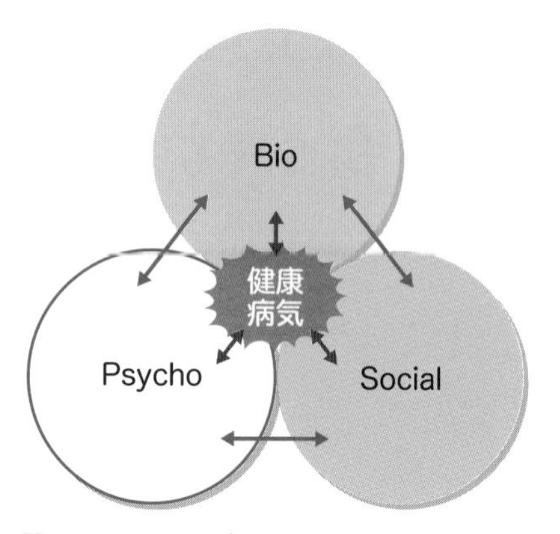

図1　BPO モデル
（文献 1 を参考に作成）

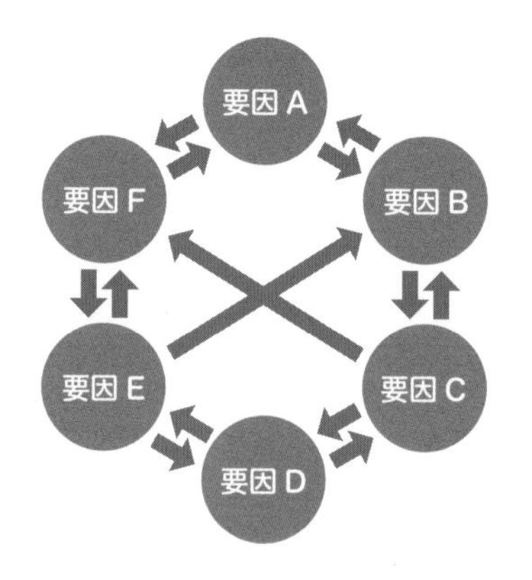

図2　「円環」とは
矢印はあらゆる方向を向く

の要因に影響を与えることを強調するため、円環的因果律と言ったり、システム論と呼んだりします。この「円環」や「システム」という考え方がとても大切です。なぜ「円環」かというと、各要因がぐるっと循環しているからです（筆者はよく大阪環状線で例えます）（図2）。なお、生物医学モデルは直線的因果律と呼びます。また、エンゲルは BPS モデルを階層モデルとも説明し、遺伝子というミクロから国家というマクロまでつながっていることを示しました（図3）[1]。

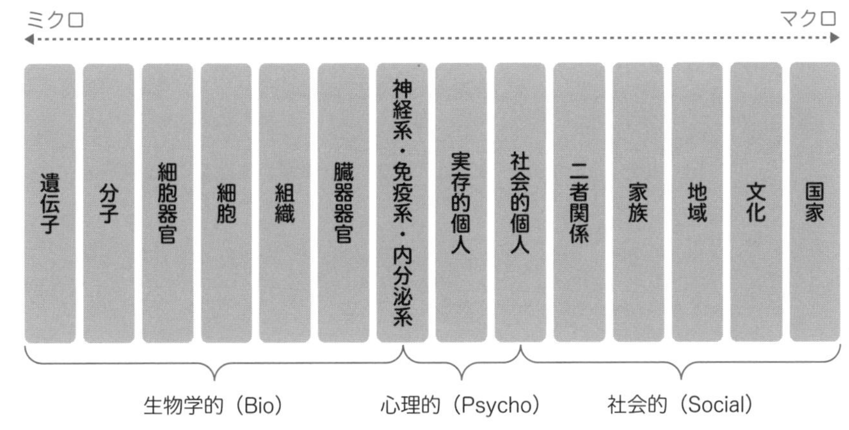

図3　エンゲルの階層モデル：システム論的思考

（文献1を参考に作成）

Bioとは、遺伝子、分子、細胞、組織、臓器の各器官、また身体に関連する客観的要素です。器質性疾患や機能性疾患も含めます。自覚症状は主観なので、極力含めません。また疾患ばかりではなく、症状や病態に関わりうる身体的状態も含めます。例えば、異常とまではいわなくても正常とはいえないグレーな所見もここに含める場合があります。特に機能性疾患や自律神経の影響をよく診ている筆者は、口腔粘膜の歯圧痕や舌の歯圧痕、肩凝りや筋硬結や筋肉の硬さ・把握痛、体幹や手掌の発汗、呼吸の速さ・浅さ、腸蠕動音の特徴なども大切にしています。これらはまさに緊張の所見でもあります。

Psychoとは、その人の認知様式や思考、感情、行動、癖やパターン、対処法などその人らしさを表す指標であり、発達特性、パーソナリティ、気質、価値観などを含みます。身体科医は精神症状や精神疾患もここに入れて考えます。

Socialについて、エンゲルは「家族や文化、社会が病気や障害の発生に与える要因」と定義しましたが[1)]、少し抽象的なので、筆者は社会的要因を「個人が置かれた空間・スペース」と解釈し、1stスペースを「家族背景や居住空間・人[※1]」、2ndスペースを「学校や職場などの労働環境」、3rdスペースを「プライベート空間、SNSなどのネット空間など」と位置づけてい

表１　BPS モデルの解釈

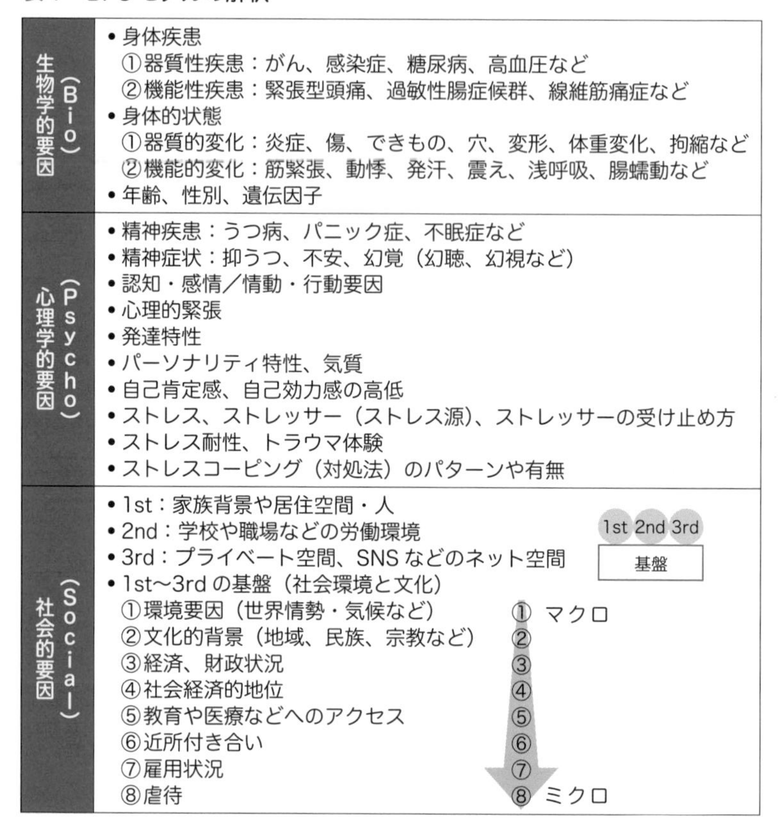

生物学的要因（Bio）	• 身体疾患 ①器質性疾患：がん、感染症、糖尿病、高血圧など ②機能性疾患：緊張型頭痛、過敏性腸症候群、線維筋痛症など • 身体的状態 ①器質的変化：炎症、傷、できもの、穴、変形、体重変化、拘縮など ②機能的変化：筋緊張、動悸、発汗、震え、浅呼吸、腸蠕動など • 年齢、性別、遺伝因子
心理学的要因（Psycho）	• 精神疾患：うつ病、パニック症、不眠症など • 精神症状：抑うつ、不安、幻覚（幻聴、幻視など） • 認知・感情／情動・行動要因 • 心理的緊張 • 発達特性 • パーソナリティ特性、気質 • 自己肯定感、自己効力感の高低 • ストレス、ストレッサー（ストレス源）、ストレッサーの受け止め方 • ストレス耐性、トラウマ体験 • ストレスコーピング（対処法）のパターンや有無
社会的要因（Social）	• 1st：家族背景や居住空間・人 • 2nd：学校や職場などの労働環境 • 3rd：プライベート空間、SNS などのネット空間 • 1st〜3rd の基盤（社会環境と文化） ①環境要因（世界情勢・気候など） ②文化的背景（地域、民族、宗教など） ③経済、財政状況 ④社会経済的地位 ⑤教育や医療などへのアクセス ⑥近所付き合い ⑦雇用状況 ⑧虐待 （1st 2nd 3rd／基盤） （① マクロ ↓ ⑧ ミクロ）

ます。そしてこれらの基盤に「社会環境と文化」を置き、そこには世界情勢や気候などの環境要因、日本や各地域独自の文化的背景、個人を取り巻く社会・経済的状況や教育レベルなどが含まれます（**表１**）。かなり範囲が広がるので、どこまで影響を考えるかは難しいですが、例えば近年であれば、ロシアとウクライナの戦争やコロナ禍の影響が挙げられます。

※１　家族とも限らない、さまざまな状況が含まれる。

BPSモデルの注意点ー全体性と物語性（つながりと意味）

BPSモデルは、何をどこまで含めるのかが曖昧だという点に注意しなくてはなりません。また「B」「P」「S」と完全に分けて考えてしまうと逆に本来の意図を失い、全体性を見失う危険性もはらみます。実際、ガミー（S. N. Ghaemi）という精神科医はその著書[2)]のなかで、表面的で曖昧（折衷主義）、科学的根拠の出せないモデルとしてBPSモデルを痛烈に批判しています。実践できなければ何の役にも立たないとの指摘もあり[3)]、どう実践するかが課題です。したがって、このモデルを用いる際には、個々の患者の健康や病気に寄与している可能性のある各要因を論理的に考え、円環的に統合し、エビデンスを生かしつつ治療方針を決めていくことが求められます。

実際の臨床場面を想像しながらこの注意点について考えましょう。私たちは患者の問診や診察あるいはカウンセリングを始めるとき、どんなB・P・Sがあるかを考えながら病歴を聞きます。病歴は患者主体で語られ、そのなかにB・P・Sのそれぞれの情報が混在します。医師が鑑別疾患を考えるときは、まずBの情報を中心に行います。公認心理師は「相談者の困りごと」という観点で聞くかもしれません。いずれにせよこれらの語りには、患者ならではの文脈があって、純粋にBやPだけの情報にはなりません。しかも、まだ語られていない大切な秘密（内面や本人の無意識）が語りの背後にある可能性もあります。そのため、語られる病歴からB・P・Sを切り取って単純化して並べた情報には「つながり」がなくなり、「患者特有の意味」が見えなくなってしまいます。これでは木（各要因）を見て森（全体性）を見ずとなりかねません。

筆者の友人である奥 知久先生（おく内科・在宅クリニック院長）に提案されたもう一つのBPSの解釈を紹介したいと思います。それは、「B：behavioral（行動）」「P：pathway（小道：時間軸や物語性）」「S：semiotic（記号：その人にとっての意味や尊厳）」というものです。こういった理解がBPSモデルの注意点を補ってくれるかもしれません。

緊張は「身」の現象

さて、ようやく緊張の話です。緊張はさまざまな意味を持つ言葉だと前項で述べました。身体（Bio）のことであり、心・精神（Psycho）のことでもあります。また関係性など（Social）のことでもあります。スポーツや武道・武術、芝居などパフォーマンスを発揮する重要場面では、緊張は良く働いたり悪く働いたりします。

仏教（特に禅宗）には「心身一如（いちにょ／いつにょ）」（身心一如とする説も）という言葉がありますが、医学書院医学大辞典[4]には「デカルト以来の心身二元論の上に発展してきた西洋医学に対して、心身は有機的に結びついているものであるという考え」、南山堂医学大辞典[5]には「精神と身体の状態と病を切り離さずに捉える考え方。その語源は道元の身心一如とされ、心身医学の基本的な概念として用いられている」とあります。中井[6]は身体bodyと「身」を使い分け、「"身"の中にBio-Psycho-Social全体を包括している」と述べています。

「身」な現象といえる緊張を意味的に分割するのはナンセンスかもしれませんが、理解しやすいように「身体的緊張」「心理的緊張」「社会的緊張」と分割してみようと思います（**図4**）。そして分割したものを「つなげる」際には、論理的である必要があります。エビデンスがある領域ばかりではないため、ある程度の論理性でつなげるほかありません。解剖生理学的な知識は、第2章1「緊張によって生じる身体的影響」（p. 64～）を参照ください。

アセスメント—BPSを用いた病態仮説図（円環〔悪循環の輪〕）を作る

わかりやすいように、頭痛の症例を用いてBPSモデルでのアセスメントを説明します。筆者ら心療内科医は、BPSモデルをベースとした病態仮説図を作り、悪循環をきたしている輪を理解していきます。ポイントは、論理的で矛盾が少ない「つながり」を作ることです（**図5**）。

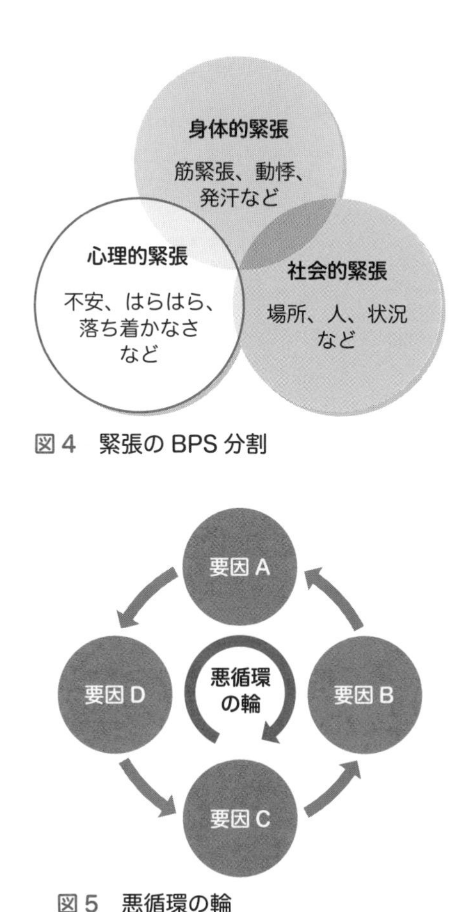

図4 緊張のBPS分割

図5 悪循環の輪

頭痛を訴える患者がいたとします。診断は医師に任せなければなりませんが、診断名は「緊張型頭痛」としましょう。だいたいの医師は対症療法として薬を処方するか、「ストレスを溜めないように」「運動しましょう」としか言えないことが多く、あまり治療選択肢を持っていません。具体的にどうすればストレスを溜めずに済むのか、効果的な運動ができるのか、といった対応をできていない場合がほとんどです。では、患者が医師から緊張型頭痛と言われた場合、公認心理師はどのような関わりが可能でしょうか？

緊張型頭痛とは、典型的にはこめかみや後頭部など頭の両側に締め付けら

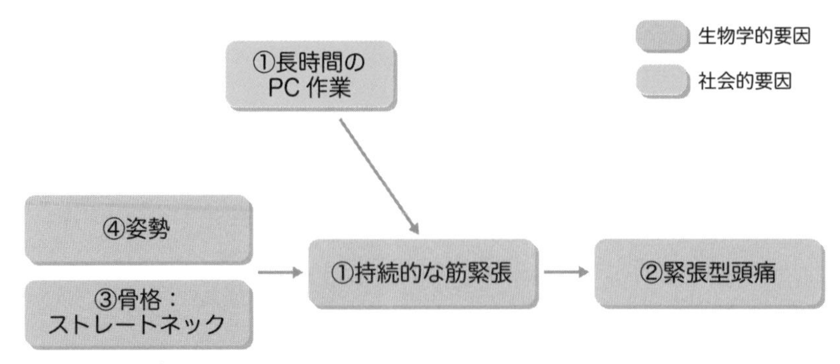

図 6　緊張型頭痛と要因
生物学的（Bio）要因だけでは輪が作れない

れるような痛みがあり、数十分から数日持続する極めて有病率の高い頭痛です。痛むメカニズムの詳細は不明ですが、ストレートネックという頚椎の特徴（本来頚椎は前弯して前後からの荷重を散らす構造をしていますが、ストレートであることによって周囲に負担が波及しやすい解剖学上の異常）や、肩凝りとの関連はよく指摘されます。頭や首の筋肉や筋膜に圧痛点を認めることが多く、末梢性と中枢性の痛みのメカニズムが想定されています[7]。夕方にかけて肩凝りや疲労感が悪化し、それに伴い頭痛も悪化するというのが臨床でよくあるパターンで、PC を使うデスクワークや長く勉強している学生に多い印象です。またストレスが症状増悪に関わっているのも事実で、心身症としての側面も考慮することが大切です。緊張型頭痛は片頭痛と並んで社会経済に甚大な影響を与えている二大頭痛の一つで、これらは器質的な異常を認めないことから一次性（機能性）頭痛とも呼ばれます。Bio としては、図 6 ［　］のような関連を指摘できそうです。

それでは、公認心理師は緊張型頭痛の Psycho-Social にどうアセスメントできるでしょうか？ いきなり心理テストや心理療法を行うと、患者に「どうして頭痛なのに？」と疑問を持たれることが多いため、身体症状を呈している患者の心理介入前には十分な説明が必要でしょう。また一口に「ストレスが関与する」と言っても、本人に認識がある場合とない場合、認めたくない場合などがあり、異なる配慮の仕方が必要です。

図6を見ながら、どこから聴取するか考えてみてください。「①長時間のPC作業」が筋緊張に関連しているようなので、仕事内容や労働環境、充実感や人間関係などに触れてみてもよいかもしれません。その面談中に、話しながら緊張して肩や腕に力が入っていないか、あるいは前傾姿勢になっていないかなどを確認します。人間関係について話しているときに口調が変わったり、そのタイミングでより力が入ったり、呼吸が浅くなったりするようなら、環境と緊張の関係があるかもしれません。肩凝りの自覚を確認したり、その悪化するタイミングを会社での出来事と関連させたりして確認するのもよいでしょう。

また患者は頭痛をどのように感じているでしょうか？「あなたの頭痛はあなたにとってどんな影響を与えていますか？」という質問を投げかけたり、「頭痛に関してどんな心配がありますか？」と聞いたりするのもよいでしょう。いわゆる解釈モデルの確認であり、医学教育のなかでは重視されている項目です。どのような原因・病態・治療・予後かに関する患者自身の解釈を聞く質問です。

緊張型頭痛の痛みは、仕事ができなくなるほど激烈ではないため、厄介な痛み、うっとうしい痛みと形容されることが多いです。気持ちが落ち込む人もいれば、イライラする人もいるでしょう。時には「実は母がくも膜下出血で倒れた（親族に脳腫瘍が見つかった）ことがあり、頭痛がするといつも不安になります」などと特別な体験を語られる場合があります。そのようなときは共感的な言葉かけをするとともに、もう一言「不安が強まるとどう対処されているのですか？」と尋ねてみましょう。するとまたその文脈に応じてさまざまな物語が語られることがあります。

図7を見てください。聞き取りの結果、先ほどの緊張型頭痛の背景にこんな展開があったとしましょう。相談相手はおらず、職場はかなりストレスフルな環境のようです。この一つ一つの出来事を身体的緊張につなげ、身体的緊張がどのようなものかをリアルタイムで知らせていきます。「そうそう、ちょうど面談中に肩が上がっているようなこういう現象が職場でもよく起こっているのではないでしょうか？」などのような指摘です。このとき、い

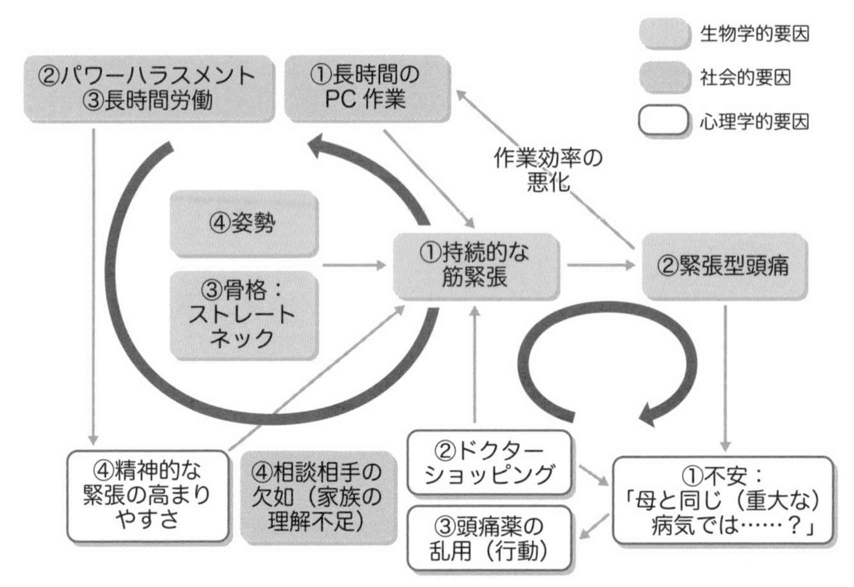

図 7　BPS モデルを用いた病態仮説図（円環）の作成例
曖昧な「緊張」を残さないほうがよい

ま、目の前で起こっていた現象や言葉を利用すると患者も理解しやすいです。また、「ここがつながっていきますか？」と本人の確認を得ながら図を作ってもよいでしょう。各要因を矢印でつなげながら、悪循環の輪を作ります。「こんな悪循環がありそうですね……」と言って、本人に全体像を見せて理解してもらうだけで症状が改善する患者もいますし、より正しい援助希求が起こり、悪循環に歯止めがかけられるようになる患者もいます。ここでは触れていませんが、職場や家族内にも社会的緊張がありそうに見えます。第 3 章の各ケースの病態仮説も参照し、各要因のつなげ方を見てみてください。

このようにして BPS の情報をつなげ、理解を得て、どこに介入するかを探していきます。この介入方法の詳細は第 4 章に引き継ぎたいと思いますが、ひとまずは緊張への理解がこの輪をつなげやすくなっていることを確認いただければと思います。

最後に一言だけ言わせてください。医療者は診断・治療の際にレバレッジポイント（てこの原理の力点のこと。最小限の力で最大限の効果を発揮するポイント）を探しますが、こちらが思うベストな介入点と、患者が取り組みたいと思えるポイントにずれがあると、うまくはまりません。そのようなときに、「わかっていない患者だ」と相手のせいにしていては、プロとはいえません。相手が取り組みやすい形で治療方法を提案できてナンボなのです。また、個々の症例でエビデンスが適応できるかを考える力が必要です。

どこに介入可能か？ 誰と協働すればうまくいくか？ を考えるとき、「あの医師が何とかしてくれそうだ」「この分野はあのソーシャルワーカーが得意そうだ」と思えば、そこにつなぎましょう。公認心理師のテーマである「連携」にもBPSモデルの考え方は有用です。

引用・参考文献

1) Engel, GL. The need for a new medical model：a challenge for biomedicine. Science. 196 (4286), 1977, 129-36.
2) ナシア・ガミー. "データに溺れる". 現代精神医学のゆくえ：バイオサイコソーシャル折衷主義からの脱却. 山岸洋ほか訳. 東京, みすず書房, 2012, 127-38.
3) Williamson, S. The biopsychosocial model：not dead, but in need of revival. BJPsych Bull. 46 (4), 2022, 1-3.
4) 伊藤正男ほか編. 医学書院 医学大辞典. 第2版. 東京, 医学書院, 2009, 3560p.
5) 南山堂医学大辞典. 第20版. 東京, 南山堂, 2015, 3101p.
6) 中井吉英. 身の概念：からだとこころの声を聞く. バイオフィードバック研究. 36 (1), 2009, 11-5.
7) 国際頭痛学会・頭痛分類委員会. "緊張型頭痛". 国際頭痛分類. 第3版. 日本頭痛学会・国際頭痛分類委員会訳. 東京, 医学書院, 2018, 22.

（山根 朗）

はじめに 「緊張」を知ることは何につながる？

3 「緊張」を知るための３つのケース

ケース１ （詳細な解説はp.114「第３章1」へ）

60歳の男性Ⓐ。呼吸困難を主訴とし、呼吸器内科から心療内科に紹介受診となった。

登場人物

Ⓐさん

心療内科医
（緩和ケアチーム担当医）

Ⓐは３年前に非小細胞性肺がんのステージⅡB期と診断され、開胸による右下葉切除術と術後の補助化学療法を受けました。

１年前の定期受診日の検査で肺に影を指摘され、転移・再発の診断がつきました。Ⓐは「たしかに最近息苦しさを感じることがあった」と主治医に伝えましたが、主治医からは「転移はしているが、いまのところ大きくはないため、息苦しさの原因にはならない」とそっけなく言われました。このころから徐々に息苦しさが強まってきました。

抗がん剤治療が始まりましたが、仕事をしているほうが気は紛れるため、しんどいながらもⒶは仕事を続けました。自営業を手伝ってくれている妻が「しんどそうに見えるけど、大丈夫？」と聞いても、「大丈夫」と答えるのみでした。Ⓐは妻に本音で語った機会は

少なく、気恥ずかしさを感じています。仕事が立て込んでいたり、うまくいかなかったりすると息苦しさが増強し、Aにとっては身体に問題があるように思えてなりませんでした。Aはもともと神経質であり、溜め込む性格でもありました。休日は自宅でパソコンを触っていることが多く、あまり外に出ることはありません。

今年に入り、息苦しさに加えて、倦怠感やふらつき、手術部位の痛みも認めるようになりました。明らかな検査異常を認めるわけではありませんが、Aが執拗に症状を訴え、検査を行いたいと話したため、主治医から心療内科が紹介され、医師が関わるようになりました。

Aはもともとタバコを吸っており（20歳から吸い始め、1日約20本）。飲酒は機会飲酒程度です。術前検査で肺気腫の指摘は受けましたが、軽症から中等症とのことでした。

30歳代の息子と娘がいますが、それぞれ独立し、孫は3人います。家族の関係性は良好です。

ケース 2（詳細な解説は p.129「第3章2」へ）

19 歳の女性B、大学 1 年生。頭痛を主訴とし、公認心理師の紹介で心療内科を受診した。

登場人物

Bさん

Cさん

心療内科医

Bは5月下旬に大学の学生相談センターを訪れました。高校生のころから人前で発表したりすることが苦手で、人前で発表することを考えただけで不安になります。特に人前に立って周りから視線が集まることに恐怖を感じ、震えや吐き気が生じることもあります。高校ではできるだけ発表しないようにしてきましたが、大学の授業では人前で発表することを求められる機会が多く、そのような授業を欠席することもあります。このままでは単位が取れずに、留年してしまうのではないかと不安になっています。また、以前から頭痛はありましたが、大学に進学して１カ月したころから悪化しているとのことです。

学生相談センターのカウンセラー（公認心理師）が話を聞いたところ、Bの両親はしつけに厳しく、Bは常に両親の顔色をうかがって生活していました。Bは小学校の授業参観で先生から指名され発表していたときに、Bの父親から「声が小さい！ はっきりしゃべれ！」と教室の後方から怒鳴られたことがありました。それを機に、人前で発表することが苦手になり、年々悪化しているとのことです。またBはそのような両親に対して嫌悪感を抱いており、自宅にいるときもあまり顔を合わさないようにしているそうです。

そんなBの心の支えは、高校のときから交際しているCでした。Cが授業中にうまく発表できなかったBに優しく声をかけたのをきっかけに話をするようになり、交際に至りました。BとCは同じ大学を目指していましたがCは不合格となり、現在浪人してBと同じ大学を再び受験しようとしています。BはCに対しては何でも話せる関係にあると思っていますが、大学での生活のことを話すと「俺に自慢しているの？ 俺がいまどういう状況にあるかわかっている？」と不機嫌になります。また、大学でできた新しい友だちと出かけようとすると、「俺の知らない人と遊びに行かないで」と言い、大学の授業中でも「いま何しているの？」「いつ、どこで、何しているか、ちゃんと報告して」と、コミュニケーションアプリからメッセージを送ってくることが増えてきました。連絡を怠ると電話がかかってきて、数時間叱られ続けることもあります。先日久しぶりにデートをしましたが、そのときには「できる限り俺と一緒にいてほしい」と言われました。

Cとの関係を心配したカウンセラーがCに対する思いを尋ねると、「Cのことを気遣ってあげられない私が悪いんです。Cは本当は優しい人だけど、勉強が大変そうだから、仕方ないんですよね」と言っていました。

まずカウンセラーは、最近悪化傾向にある頭痛に対して医療機関の受診を指示しました。

ケース 3（詳細な解説は p.146「第 3 章 3」へ）

（詳細な解説は p.146「第 3 章 3」へ）

42 歳の女性D。下痢・腹痛を主訴とし、相談員（公認心理師）Fの指示で心療内科を受診した。

登場人物

Dさん

Eくん（Dの子ども）

相談員F（Dの担当相談員）

相談員G（Eの担当相談員）

Dは教育センターに、Eの登校しぶりについて相談しました。Eは以前から自分の興味のあることには意欲的に取り組みますが、興味のないことに対してはまったく取り組もうとせず、また急な予定変更などに対して気持ちを切り替えられないことがありました。友だちと身体を動かして遊ぶことは好きですが、会話を続けることは苦手でした。1 年生のときは多少のトラブルはあったものの何とか過ごすことができましたが、2 年生になると徐々にクラスメイトから会話に混ぜてもらえなかったり、一緒に遊んでもらえなくなったりすることが増えました。夏休みが明けたある日、おなかが痛いと言って学校を休みましたが、その後は平気な様子で、小児科でも特に問題は指摘されませんでした。しかし、それを機に、週に数回、おなかが痛いと言っては学校を休んだり、遅刻したりすることが増えていきました。

Dは 30 歳で結婚し、34 歳でEを出産しました。Eが 2 歳のとき、夫と離婚しました。Dには頼れる親族などもおらず、Dは働きながら一人でEの育児を行ってきました。もともと真面目で、なんでも完璧にこなさなければ気が済まない性格であったため、これまで仕事も家事・育児もしっかりと行い、Eに対しても十分な愛情と手間をかけてきたと自負しています。D自身、子どものときに学校を休んだことがなかったため、おなかが痛いと言っては学校を休もうとするEのことを理解することができないとのことでした。

教育センターでは、相談員F（公認心理師）がDを担当し、相談員G（公認心理師）がEを担当して、母子並行面接を進めていくことにしました。Fとの面談のなかで、DはEが登校しぶりを見せはじめたころから、おなかが痛く、下痢をすること、火照りや発汗も増えたため、市販の薬を普段から服用していると述べました。また、イライラしたり、急に気持ちが滅入ったりするなど、情緒不安定になることが増え、Eに対してきつく叱ったり、Eと話をするのがつらく無視してしまうこともあるとのことでした。そのようにEに対してちゃんと向き合うことができない自分が許せないし、もしかしたら自分がしていることは虐待になるのではないか、あるいは虐待をしてしまうのではないかと不安を感じています。相談員FはDの下痢や腹痛および火照りや発汗、気分の浮き沈みに対して、心療内科の受診を指示しました。

一方、Eは相談員Gに対して最初は落ち着かない様子をみせていましたが、面談を繰り返すうちに、自分の好きな車や飛行機の話を一方的にするようになりました。Gが母親のことや学校のことを尋ねても話したがりませんが、ある日「ママは頑張ってんじゃない」と言いました。しかし、その表情は固く、Eも母親との関わりに悩んでいる様子がうかがえました。

（山根 朗・髙坂康雅）

コラム ①心療内科とは？

心療内科がどんな診療科か、きちんと知っている人はほとんどいません。精神科と区別なく心療内科に紹介されたり、「診療内科」と間違われたり、「心霊内科」と書かれたり……（本当にあった怖い話です）。医師でさえこのような理解度ですから、一般の方々からすればなおのことわかりにくいでしょう。

厚生労働省のe-ヘルスネットでは、「心療内科とは、緊張やストレスなどの心理的な影響が原因で起こる身体の疾患（心身症）を従来の身体的な治療のみならず、併せて心理面での治療やケアを行うことを目的とした、心身医学を母体とする診療科」[1)]と紹介しています。簡単にいうと「ストレスと関わる身体疾患（心身症）を診る科」ですが、実際は精神疾患の相談を受けたり、一般の方からは「"プチ精神科"だと思ってました」と言われたりします。

どうしてこんなにも知られていないのでしょうか？ その理由の一つに、「心療内科」と標榜するクリニックのほとんどが精神科専門医によって開業されていることが挙げられるでしょう。"プチ精神科"のイメージはここからきています。心療内科専門医の数は279名（2022年8月時点）と少ないのに対して、精神科専門医は約13,000名で、心療内科専門医と接する機会が少ないことも関連しています。

また、精神科はうつ病や双極性障害、統合失調症などの精神疾患を主に診療するのに対し、心療内科は心身症や慢性疼痛、摂食障害など、身体の症状や疾患とストレスとの関連を主に診療しています。どこまでの疾患を扱っているかがわかりにくいという点も理由として考えられます。何だか、「緊張」という言葉のわかりにくさと似ているかもしれません。本書を通して、緊張を扱う面白さと心療内科の魅力にも触れていただけると幸いです。

引用・参考文献

1）厚生労働省. e-ヘルスネット. https://www.e-healthnet.mhlw.go.jp/information/dictionary/heart/yk-087.html（2023.4.10 閲覧）
2）弘前あすなろメンタルクリニックホームページ.【精神科医が解説】精神科と心療内科の違い. https://asunaro-mental.com/854/（2023.4.12 閲覧）

（山根 朗）

第1章

緊張のメカニズム
～そのとき、身体に何が？～

1 緊張って何？

この項目では、緊張の特徴、緊張が発生する基本的なメカニズム、緊張への気付きの重要性について示していきたいと思います。

緊張は日常にあふれている

まずは、自分のここ２週間ほどの生活を少し振り返ってみましょう。さまざまな出来事を経験し、それに伴いさまざまなことを思い・考え・行動したことでしょう。そのなかで「緊張した」と感じるシチュエーションはありましたか？ この質問を筆者の周囲の人にしたところ、

- 人前で話をするとき
- 病院を受診するとき
- 新しいチャレンジや初めてのことを実行するとき
- 車の縦列駐車をするとき
- 自信のないことを実践しないといけないとき
- ワクチン接種のとき
- 何かの結果を知るとき
- 失敗してはいけない状況にあるとき（試験やデートなど）
- 恥をかきたくないと思ったとき
- 勝ちたい状況にあるとき
- 自分ではなく身近な人がしていること・されていることを見守るとき
- パソコン作業・ゲーム時間が長く続いたとき
- スマートフォンを長時間見たとき

など、たくさんの緊張体験を教えてくれました。どの返答を見ても、日常生活で誰にでも起こりうることばかりで、皆さんがすでに経験済みのものも多

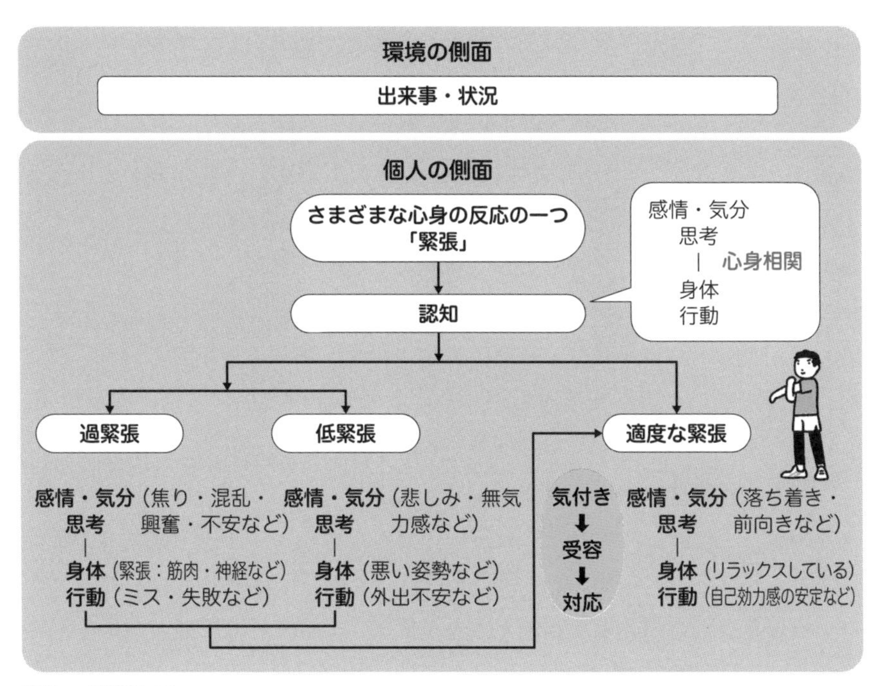

図１　緊張とは

いのではないでしょうか？「緊張」は日常生活にあふれており、状況に何か変化が起きたなら緊張が生じます。緊張は、あって当たり前の存在だということがわかります。

緊張は気付きを与えてくれるサイン

ここからは緊張について、**図１**を用いながら説明します。私たちの日常生活は、常に環境と個人（自分）が共存しています。自分を取り巻く環境ではさまざまな出来事・状況が繰り広げられ、自分にとって望むもの・望まないものが含まれています。それに伴い、私たちの心身では多様な反応が起こります。

例えば、外で突然思いがけないほどの大きな音がしたら、私たちはびくっと身体をすくめて緊張するでしょう。このように環境で起きたことに対して起こる反応、つまり緊張は、自分の心身に変化が起きたことを知らせてくれるサインの一つといえます。

続いて私たちはこの緊張を、「緊張している」と認知するわけですが、この瞬間から緊張は単なる心身の反応ではなく、少しずつ形を変えていきます。なぜなら、高等動物である私たちはいま起きた緊張に対して何かを感じ、それを感情・気分・思考として記憶し、判断・分析・評価し（自分にとって良いや悪いなど）、同時にこれに伴った身体の反応が起こり、行動するのです。この「感情・気分・思考—身体・行動」は常に連動しており、双方向に影響を及ぼし合う性質があります。このつながりのことを「心身相関」といいます。

先ほどの例で考えると、環境下において大きな音がした（出来事・状況）→身体がびくっとして驚いた（身体）→何の音だろう？ 1回で終わりかな？（思考）いやだなぁ。怖いな（感情・気分）→警察に電話しよう。この場から立ち去ろう（行動）となります。この状況は記憶され時を経て、ある人は「自分にとって嫌な体験だった」、別の人は「音にはびっくりしたけれど誰も悪影響を受けた人はいないから大した体験ではなかった」などと判断・分析・評価し、記憶します。同じ人のなかでも、そのときの心身の状態によって認知や記憶には違いが現れます。

一般的に緊張は、自分のパフォーマンスを良くない方向へ導く反応のように認識されることが多いのですが、実は緊張は私たちの心身に変化が起きていることに気付かせてくれる大切なサインで、その後の認知の仕方によってコントロールできるということがわかります。

ここにイギリスの著名な心臓病専門医ペーター・ニクソン（P. G. Nixon）が示した「人間の機能曲線」があります（**図2**）[1, 2]。これは、私たちが緊張も含めたストレスを受けたときの心身の反応と症状・病気との関係について示したものです。ニクソンは、「慢性的にストレスを受けると、私たちの身体は適応するために特定の器官やシステムに緊張状態を引き起こし、この影響が一定の限度（**図2のP点**）を超えたら破綻をきたし、さまざまな症状や病気が起こる」と説明しました。リラックスしているときには身体は再生

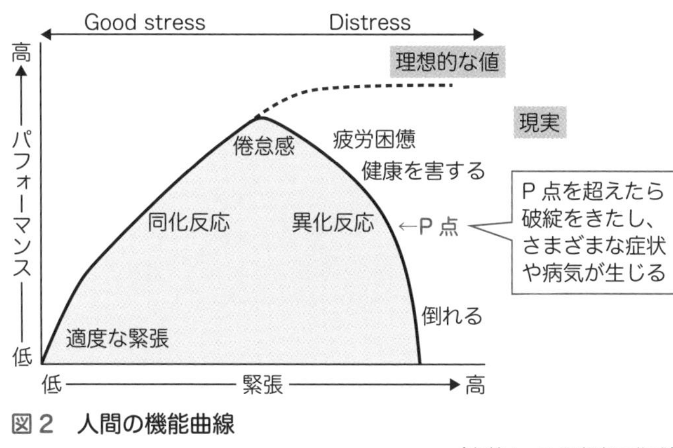

図2　人間の機能曲線

（文献1、2を参考に作成）

し（同化反応）、緊張が高いときには闘争—逃走、すくみ反応が起きているときと同じような動作を起こすために身体は余分なものを放棄（異化反応）すること、そして「適度な緊張」時には、私たちの「感情・気分・思考—身体・行動」に良い影響を及ぼすと述べました。さらに、「この機能曲線はどの人の中にも存在し、緊張の蓄積と回復の間を絶えず行き来しているものだ」と示しました。この機能曲線は、緊張を指標にいまの自分が曲線上のどこにいるのかを把握することで、その気付きから自分はどちらの方向へ進みたいのか、そのためにはどのような方法を選ぶとよいのかを主体的に考えるきっかけをくれます。

皆さん、いまの自分はどこにいそうですか？ どちらの方向へ進みたくて、そのためにどんな方法を選択しますか？ 自分の位置を確認しながら、身体と心の機能維持・回復のために何ができそうかを考えるきっかけにしましょう。

「適度な緊張を保つこと」がポイント

さあ、ここで「適度な緊張」という概念が出てきました。結論からいうと、私たちが認知したさまざまな種類の緊張を「適度な緊張」へとコントロールし導くことができたなら、私たちは健康に心豊かに過ごすことができる

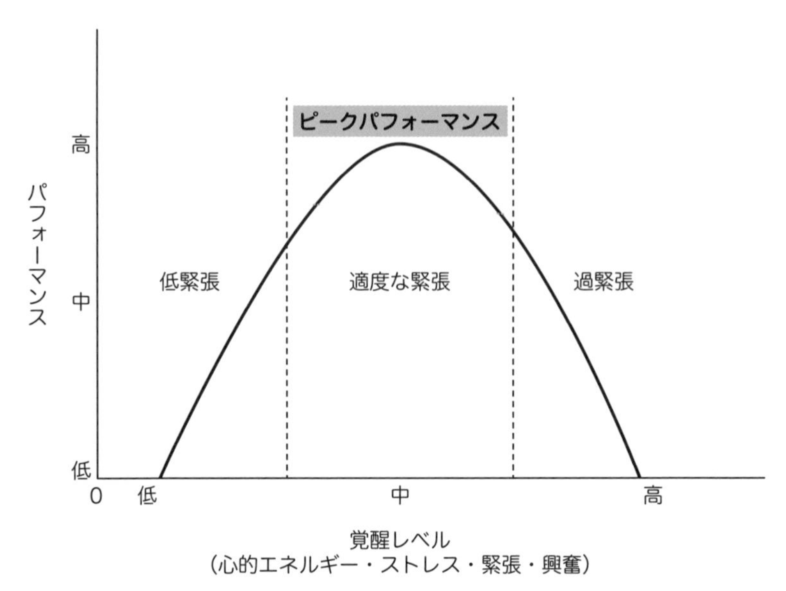

図3　逆U字曲線仮説

（文献3を参考に作成）

わけです。この「適度な緊張」について**図3**「逆U字曲線仮説」を利用して説明します[3)]。

これは緊張を含む覚醒レベルとパフォーマンスの関係を示したもので、逆U字で表されます。緊張には過緊張・低緊張・適度な緊張という3つのステージがあり、過緊張（緊張しすぎ）でも、低緊張（緊張しなさすぎ）でも望ましいパフォーマンスは期待できません。パフォーマンスを一番発揮できるのは「適度な緊張」状態で、最も高いパフォーマンスを出せる状態をピークパフォーマンスといいます。過緊張時にはパフォーマンスが落ちる印象が強いですが、実は低緊張時にも望むパフォーマンスは発揮できません。そして、どのステージにおいても「感情・気分・思考—身体・行動」反応は起きています。

図1に示したように過緊張時は、焦り・混乱・興奮・不安が起こりやすく(感情・気分・思考)、過度な筋肉や神経の緊張から凝り・吐き気・胸部不快

感などさまざまな身体症状を呈したり、それに伴ってミスや失敗という行動を起こしたりする（身体・行動）可能性が高い状態です。低緊張時には、悲しみ・寂しさ・無気力感・回想・発想が浮かばないなどが起こりやすく（感情・気分・思考）、身体に力が入らないことから姿勢を保つことが困難となり、横位で過ごす時間が増えたり、うつむき気味で猫背姿勢となったりすることが増え、外出がおっくうになり人とのつながりを好まなくなり、倦怠感・抑うつ・自信喪失などの症状や行動を招く（身体・行動）ことがあります。適度な緊張時は、本来の自分らしく生きている感覚を感じやすく、落ち着き・楽しい・前向きな考えが起こりやすく（感情・気分・思考）、適度にリラックスしていることを感じながら（身体・行動）満足感・充実感・達成感など自己効力感の安定につながる状態です。皆さんは、緊張の３つのステージのうち、どこにとどまる時間を長くしたいでしょうか？

適度な緊張を保つコツ

では、この「適度な緊張」状態をできる限り維持し、過緊張・低緊張状態から回復するためのコツはどこにあるのでしょうか？ 日々さまざまなことが起こる状況で、私たちが緊張をはじめとするストレスにさらされる機会は非常に多く、必然的に私たちは絶え間ないストレス状態のなかで生活しています。まずは、このストレスに伴い反応する緊張と、そこから派生した「感情・気分・思考—身体・行動」反応に気付くことが大切です。その反応が自分の望むものでない場合には一度立ち止まること、そして、ストレス状況下で頑張ろうとしている自分を認めて受容することが大切です。そこから、より良い状態につなぐために必要な修正をし、必要な方法を選んでいきましょう。

ここから、筆者がこれまで経験した臨床での話を少し加えます。

臨床では「感情・気分・思考—行動」の望ましい認知行動ループを再学習する方法として、認知行動療法が行われることも多く、その効果が報告されています。一方で、自分の現状を言葉や活字で表現すること、もしくはこれまで持ち合わせてきた従来の認知行動ループを変えることに抵抗がある場合や、年齢による影響（低年齢・高年齢のケース）により言葉で表現することが難しい場合、アレキシサイミア（失感情症）[4]・アレキシソミア（失体感症）[5] といった自分の身体・感情の感覚に気付くことが難しい病態を持つ場合があります。

このような場合に、筆者が役立つと考える方法を一つ紹介します。それは、人それぞれが持つ従来の認知行動ループ（「感情・気分・思考—行動」ループ）と連動して反応している「身体」に注目し、「身体」に変化を加えていくことで新しい認知行動ループ（本項で何度か触れている「感情・気分・思考—身体・行動」ループ）をつくる方法です。

例として、64 歳女性、緊張型頭痛（心身症）患者のデータを示します。この患者は、「弱音を吐くからしんどくなるんだ。人間頑張ればどうにかなる」という認知行動パターンを持ち、だからこそ自分の心身の状態を言語化することは弱さを表現することになるので、書きたくないと抵抗されました。初回来院時には、早口であまり視線が合わず、何か落ち着かない様子でした。そこでまず、安静時にどの程度安静を保てているのかを確認するために、安静・閉眼座位時の表面僧帽筋電位（頸部・肩部）と胸部呼吸を測定しました（**図 4 ①**）。本人には「この椅子にできるだけ楽に座ってください。閉眼で安静を保ってください」と伝えました。本人は、この安静状態を「非常にリラックスして落ち着いています」と話しましたが、実際のデータでは肩部・頸部僧帽筋の筋緊張はかなり高く、胸部呼吸も非常に浅くて速い状態であることがわかります。この結果を本人にフィードバックしたところ、緊張にはまったく気付いておらず、かなり驚かれました。その後、2 週間ごとの来院時には、筆者が提供する Somatic Movement Therapy（SMT）（身体の動きに注目し、患者の中から自然と湧き上がる「動」と「静」の movement を利用しながら心身をケアするセラピー）を個人セッションとして行い、ホームワークとして自宅でも実施してもらいました。2 カ月後、身体の緊張は**図 4 ②**のように穏やかに変化し、「しんどいって言わないと人間やってられないよね」と患者に新しい認知行動ループができ、そのループ

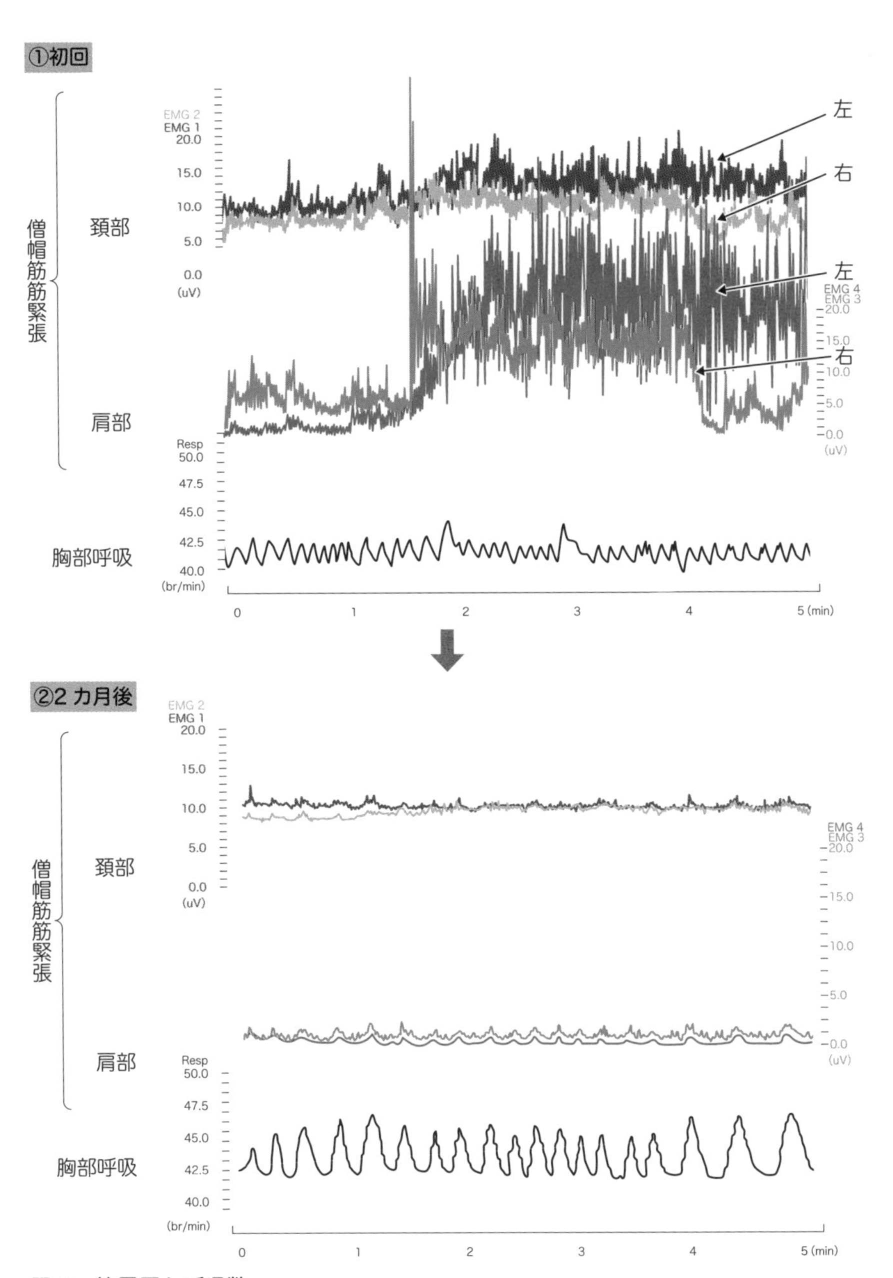

図4　筋電図と呼吸数

気付いていなかった「過度な緊張」（①）が、2カ月後には「適度な緊張」（②）になっている

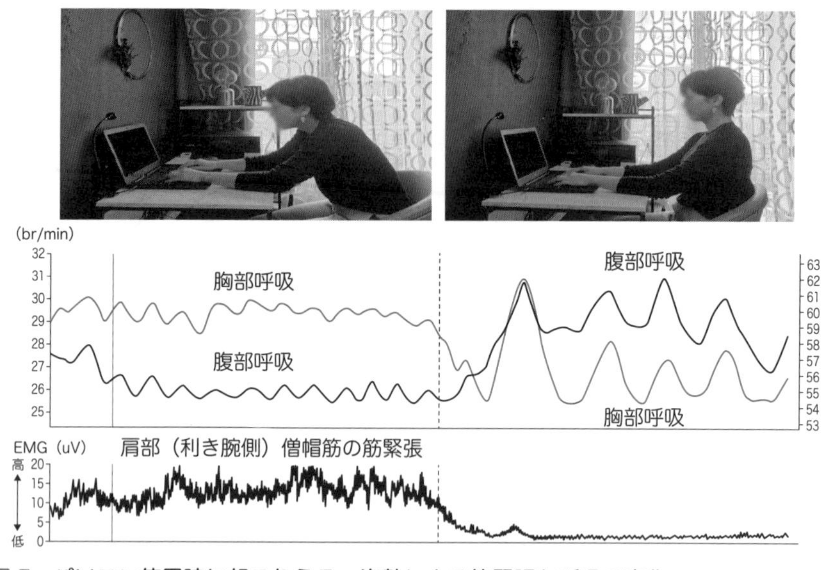

図5　パソコン使用時に起こりうる、姿勢による筋緊張と呼吸の変化

とともに自分らしい人生を歩み始めました。

この現象は、健常者でも日常的に起きており、例えばパソコン作業が長時間続いた場合、眼精疲労や肩凝りなど身体疲労から心の不調が生じることがあります。このような場合、パソコン作業が長時間になるほど姿勢が乱れ、気付かないうちに**図5**の左側のように呼吸が浅く速くなり、そして筋緊張が高まる状態が起こります。それに気付き、姿勢を少し意識して作業に取り組むと、それだけで**図5**の右側のように穏やかな心身の状態に変わります。このように主観的には気付いていない緊張を客観的に捉えること、そして「身体」に変化を加えることで、心身への気付きが深まり、私たちの認知行動ループは「適度な緊張」へと導かれます。

筆者の恩師の一人であるサンフランシスコ州立大学のエリック・ペパー（E. Peper）教授の著書では、適度な緊張状態を保つコツとして、「疲れすぎないこと」「5分程度の休憩を小まめに取ること（マイクロブレイク[6]）」「日常的にリラクセーションなど身体と心をつなぐ運動を行うこと」を推奨して

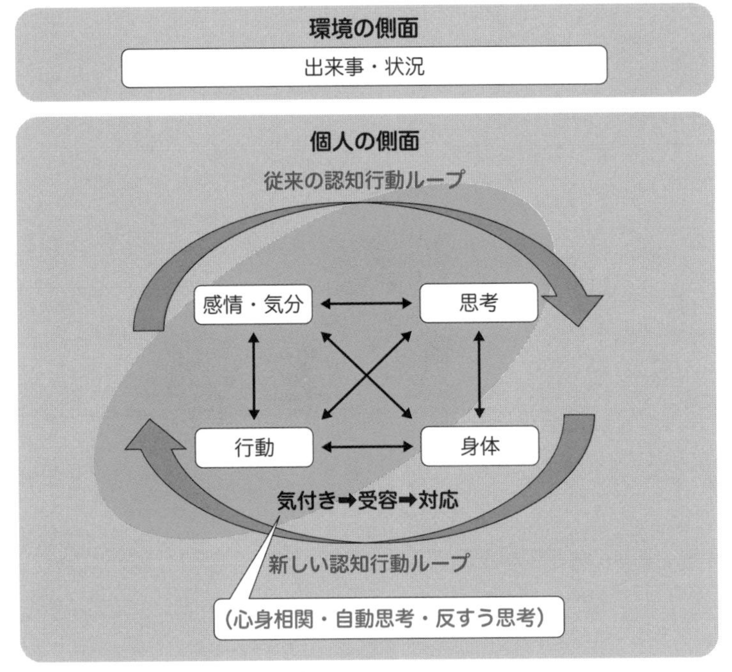

図6　新しい認知行動ループのつくり方

おり、その効果についても証明しています[7]。筆者も日々の臨床や自身のセルフケアとしてSMTを取り入れ、適度な緊張を保つ工夫をしています。

これまで説明した内容を図6にまとめました。私たちが従来の認知行動ループを手放し適度な緊張を保つためには、「身体」から介入し、身体の緊張を和らげることが心の緊張を解くことに役立ちます。また、それによって新しい認知行動ループをつくることが可能となります。臨床において自分の症状について言語化が難しい患者の場合には、「気付いていない緊張を和らげることにまず取り組んでみましょう」という「身体」を介した導入が心身相関への気付きを促しやすく、新しい認知行動ループへとつながりやすいことがわかります。さらに、身体を動かしながら生じる自動思考（自分の頭の中に流れてくる思考癖）や反すう思考（繰り返される望まない思考癖）など自分の思考癖に気付くこともできます。ここで大切なことは、自分にとって良くない思考癖に気付いても、「消さなければいけない」と思うのではなく、「自分にはこのような癖があるのだ」と客観的に眺め、受容することです。そして、それを続けるのか、手放すのかという選択を自分で行います。このプロセスでは、自分で決定するため、主体性を育むことにも役立ちます。これまでの自分の思考癖を変えることは、たとえ必要だとわかっていても誰しも難しい場合は多いのですが、身体を動かしながら緊張に気付き、身体を解放することは抵抗が少なく、すぐに取り組めます。続けるうちに、いつの間にか自分の思考癖に変化が現れることを体感し、心身相関について身をもって体感できることから症状が改善し、健康で心豊かな人生へとつながる新しい良いループをつくることができるのです。

ケース1 の**A**も、症状の背景にある４つの状況や習慣が過剰な緊張を招き、症状が維持されているように考えます。①転移・再発・息苦しさという病状への不安、②妻の「大丈夫か」との問いかけにも「大丈夫」と答え、自分の心身の状況を言葉にすることが苦手、③神経質で溜め込む性格、④休日にはパソコンに触れる時間が長く外出もまれである、という４点を背景とする緊張に本人は気付いておらず、さらに心身相関への理解が乏しいことが考えられます。若いころはこれらの緊張をタバコで解消できましたが、いまはタバコも吸えない状況です。タバコを吸うという動作も実は深呼吸を必要としているサインである場合が多く、そのころから実は身体に緊張を抱えながら頑張ってきたのかもしれません。タバコを吸うという方法以外で、身体的な緊張を緩和する新しい方法を見つけることが症状緩和の一助になることが考えられます。

ケース2 では、**B**はしつけに厳しい両親に対して顔色をうかがい、幼いころから身体では防御という緊張のよろいをかぶって生き、それを自分の通常の状態と認識している可能性があります。高校・大学と歳を重ね人前で話すことを求められる機会が増えた彼女は、自分のよろいに気付きはじめているのかもしれません。そして、この緊張のよろいを脱いで話せる交際相手**C**が

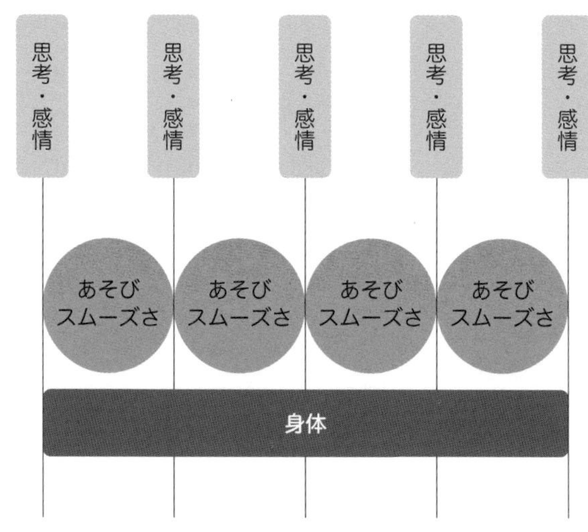

図7　身体と心をつなぐ運動を行うことの利点

思考・感情が連続的に起こり、そのどの活動にも身体が反応している。身体へ意識を向けると、その思考・感情と思考・感情との合間・空間に「あそび・スムーズさ」を入れることができる

離れていくことに強い不安を覚え、また新たな緊張のよろいが必要となり、頭痛の発症につながっている可能性が考えられます。この場合にも身体的な緊張と認知行動ループの関係性に気付きを促し、少しずつ不要な緊張のよろいを脱ぎながら症状の緩和を促すことが必要かもしれません。

患者の主観的感覚（身体の感覚）と客観的指標（身体的生理データ）に乖離があることはよく見られ、患者群ではこの乖離が大きいことがわかっています[8)]。このことからも、適度な緊張を見つけていくうえでは、主観的感覚と客観的指標の乖離の意味、身体的な緊張と認知行動ループの関係性について、患者―医療者間で十分なコミュニケーションを取り、いまの患者にとってどのような状態が「適度」で「最適」な緊張なのかを整理しながら探していく過程が重要となります。

最後に「身体」に意識を向け、心身のバランスを整える運動を行うことで得られる利点について**図7**に示しました。私たちの脳は24時間働き、アイドリング状態でもあるデフォルトモードネットワーク（Default Mode

Network；DMN）では1日に1.2～6万回繰り返される思考や雑念の対応をしています。つまり、心臓が動くのと同じように多くの思考・感情活動が繰り返されており、その活動の合間に、身体と心をつなぐ運動を行うことで空間をつくることができます。これは、身体の動きや思考にあそびやスムーズさをつくってくれることから、「適度な緊張」を保つために役立つ方法の一つとして提案します。

3ケースから読み解くポイント

- どのケースも本人の特性や習慣、それぞれの状況から過度な心身の緊張状態が起きています。
- しかし、どのケースも心身相関への理解が乏しく、特に身体的な緊張に十分に意識を向けることができていない場合や、発汗などの身体の緊張症状を感じていても適切なコントロール法が実践できていない状況がみられます。
- 適度ではない緊張や症状の緩和には、心身両面からのアプローチが重要であることがわかります。

引用・参考文献

1) Nixon, PG. The human function curve-a paradigm for our times. Act Nerv Super. 3（Pt 1), 1982, 130-3.
2) エリック・ペパーほか. 実践ワークブック：新しい認知行動療法；健康に生きるための18の秘訣. 竹林直紀監修. 六浦裕美訳. 京都, 金芳堂, 2010, 246p.
3) Yerkes, RM. et al. The relation of strength of stimulus to rapidity of habit-formation. Journal of Comparative Neurology and Psychology. 18（5), 1908, 459-82.
4) Sifneos, PE. The prevalence of 'alexithymic' characteristics in psychosomatic patients. Psychother Psychosom. 22（2), 1973, 255-62.
5) 池見酉次郎. 全人的医療の核としての心身医学：心身医学の現状と将来. 心身医学. 30（3), 1990, 251-60.
6) Kim, S. et al. Daily microbreaks in a self-regulatory resources lens：Perceived health climate as a contextual moderator via microbreak autonomy. J Appl Psychol. 107(1), 2022, 60-77.
7) エリック・ペパーほか. テック・ストレスから身を守る方法. 竹林直紀監修. 中川朋訳. 東京, 青春出版社, 2022, 402p.
8) 神原憲治ほか. 身体感覚の気づきへのプロセスとバイオフィードバック. バイオフィードバック研究. 35（1), 2008, 19-25.

（志田有子）

2 自律神経とホルモン

緊張と自律神経・ホルモンの関連

身体の筋緊張であれ、精神的な緊張（不安なども含めて）であれ、社会的緊張や関係性における緊張であっても、またさらに良い緊張も良くない緊張も、これらはすべて自律神経の交感神経系に関連する反応です。また緊張が緩和するときに働くのは副交感神経系です。そしてそのときには、内分泌系（ホルモン）も必ず同時に動いています。

緊張しているときの身体の状態を理解するためにも、治療の際に何が起こっているのかを理解するためにも、自律神経系や内分泌系に関連する事柄を少し掘り下げて理解しておきましょう。

自律神経とは

自律神経をきちんと説明するのは、実は容易なことではありません。「自律神経とは、交感神経と副交感神経のことです」という説明だけでは30点です。ChatGPT（OpenAI社）に「自律神経は何のために存在するのか？」と聞いてみると、このような回答でした。「自律神経系は、心拍、血圧、呼吸、消化、体温調節などの不随意（つまり、自分ではコントロールできない／自動調節してくれる）の生理機能を制御する神経系で、身体の器官やシステムが正しく機能するために必要な安定した内部環境であるホメオスタシス（恒常性）を維持する役割を担っている〈以下略〉」。

ここでの「恒常性を維持する」とは、例えば、右に偏る力が働けば元に戻そうとする力が働きバランスを取るというイメージです。ということは、右から力がかかったときに、身体に起こる変化を認識するシステムがなければ

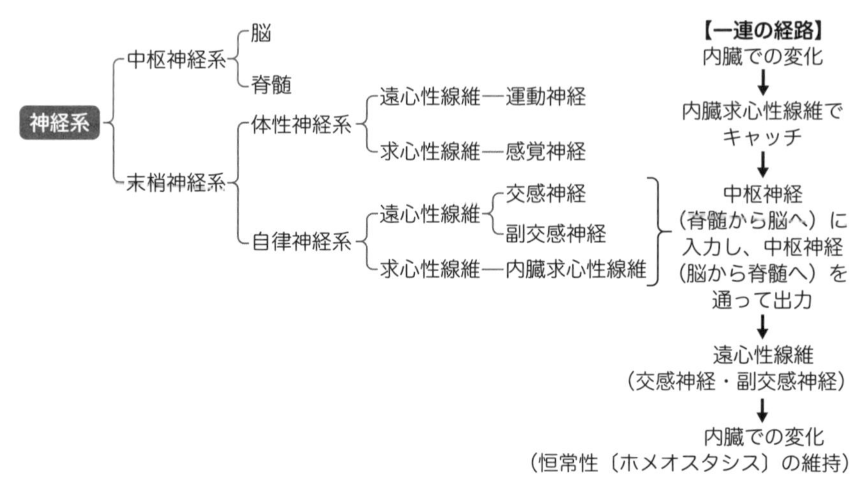

図１　神経系の全体像

成り立ちません。人はどうやってその情報をキャッチしているのでしょうか？ それは「自律神経＝交感神経と副交感神経」と理解しているだけではわからないはずです。

遠心性線維と求心性線維

神経系を理解するためにまず押さえておきたいのが遠心性線維と求心性線維です（図１）。遠心性線維とは、脳・中枢から全身・末梢に向かう神経線維のことで、自律神経では交感神経と副交感神経が相当します。一方、求心性線維とは、身体の状態や末梢で起こっている現象を中枢側に伝える役割を持つ神経線維のことで、自律神経では内臓求心性線維がこれに当たります。

自律神経のほかに、手足などを動かす際に働く体性神経があり、それぞれに遠心性線維と求心性線維があります。体性神経の遠心性の神経は運動神経で、求心性の神経は感覚神経です。難しいのは、遠心性線維と求心性線維が複数合わさって１本の神経を作っている点です。

例えば有名な迷走神経という脳神経は、交感神経（遠心性）・副交感神経（遠心性）・内臓求心性線維（求心性）・運動神経（遠心性）・感覚神経（求心

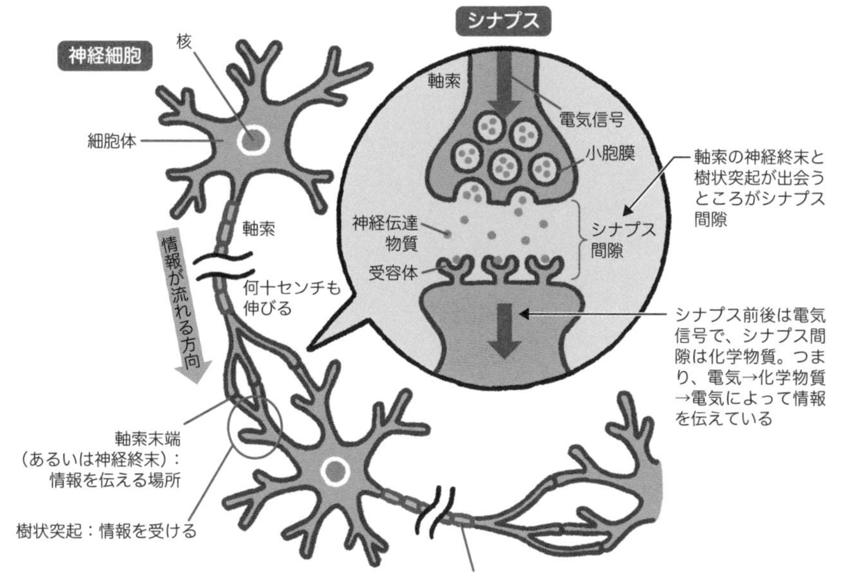

図2　神経とシナプスの構造

性）のすべてを含むため、頭が混乱しないよう、全体像をしっかり押さえておきましょう。

余談ですが、脳神経の嗅神経はシンプルに1本の線維だけでできており、純粋に感覚神経（求心性）だけで構成された珍しい神経です。

神経系の解剖

もう少しミクロとマクロの解剖学に触れておきたいと思います。神経には細胞体と、手足のような突起（樹状突起や軸索）があり、手を伸ばすような形で何十センチと伸びます。軸索の神経終末と樹状突起が出会うところに、ほかの神経と情報を授受する場所であるシナプス間隙（神経間隙）があり、ここでは化学物質（神経伝達物質）によって情報が伝えられています（図2）。神経内部は電気信号で情報が伝えられており、電気信号が弱らないようにミエリン鞘という絶縁体でぐるぐる巻きにされています（有髄神経)。ミエリン鞘がない無髄神経もあって、それらは情報の伝わり方が遅くなります。

自律神経は１本の線や束が脳から各臓器に直通で伸びているのではなく、途中で１回以上は必ず神経細胞を乗り換えます。また、前述したように有髄のものもあれば無髄のものもあります。

神経系とは、神経と細胞（器官や臓器）が複雑に結び付いたネットワークであり、それらが協働して身体機能を制御します。「神経系」は「免疫系」「内分泌系（ホルモン系)」と相互に作用しながら大きな包括システムを形成し、人体の恒常性の維持に寄与しています（図３)[1)]。

自律神経系の遠心性線維である「交感神経」と「副交感神経」

ここからは交感神経と副交感神経について述べていきます。

交感神経系は闘争―逃走（fight-flight）反応をつかさどります。具体的には心拍数や血圧を上げ（トウソウ時は酸素が必要)、呼吸数を増やしたり気道を開いたりして酸素をたくさん取り込めるようにします。また瞳孔を開き（トウソウ時は相手を見やすいようにすることが必要)、血管を締めて血圧を上げ（トウソウ時は出血リスクに備えて血圧が下がりにくい身体が必要)、膵臓ではインスリン分泌を抑制し血糖値を上げる（トウソウ時に血糖は大切）などの変化を起こします。肝臓や筋肉への直接的な作用はありませんが、間接的に作用し、血糖値を上げたり、身体に力が入りやすい状態にしたりします。例えば、動物は狩りに行くとき、おなかを空かせている場合ではないので胃腸の活動が止まります。このように、「興奮したときや狩りに行くときの神経」「身体のアクセル」などとよく表現されます。

一方、副交感神経は「休息と消化」をつかさどり、心拍数や呼吸数を落とし、消化を促し、末端の血流と温度を上げ、全体的にゆったりとしたリズムをつくります。よって「リラックスしているときや寝ているときの神経」「身体のブレーキ」と言ったりもします。シーソーのように優位に働く神経が変

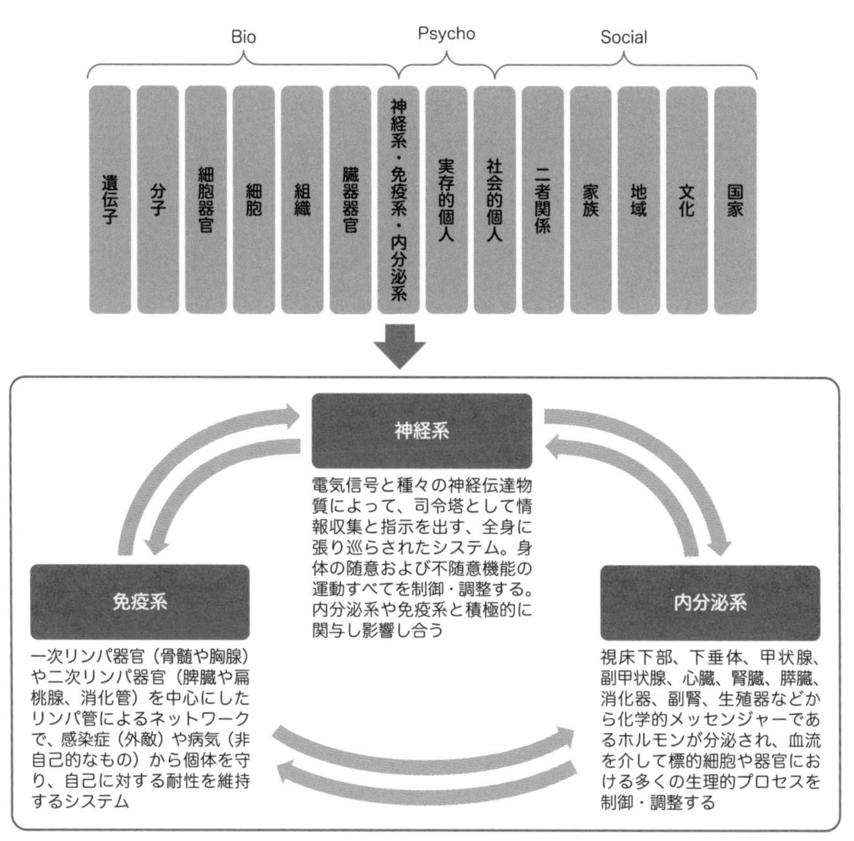

図 3　神経系の位置づけと 3 つの恒常性維持のシステム

（文献 1 を参考に作成）

わります（図 4）。

これらは遠心性線維の作用で、求心性線維からの直接刺激（反射性調節と呼ばれます）か、中枢神経系における認知的・情緒的な刺激か、いずれかの刺激があって作用しています。なぜ認知行動療法などの心理療法で緊張による自律神経作用を緩和できるのかというと、後者の刺激を変えることができるからです（第 4 章を参照ください）。

話を戻しますが、これらは短期的な反応として準備されている生物の適応能力です。何日も何カ月も「闘争―逃走」あるいは「リラックスし続ける・

【交感神経と副交感神経の簡単な役割】

	心臓	消化器	血管	筋肉
交感神経	心拍出量・心拍数⬆	腸の動き⬇	収縮（血圧⬆）	緊張
副交感神経	心拍出量・心拍数⬇	腸の動き⬆	拡張（血圧⬇）	弛緩

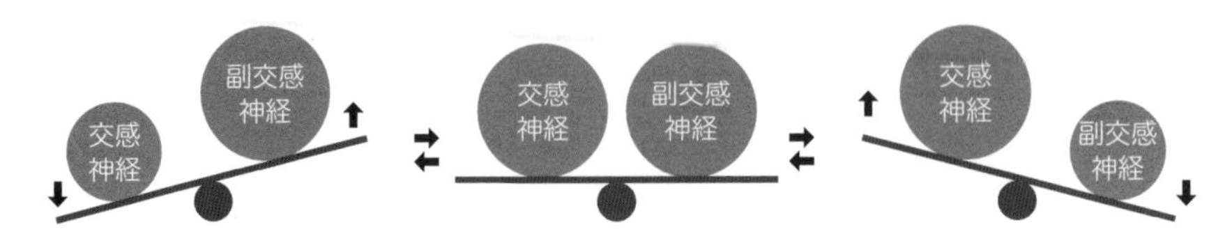

図４　交感神経と副交感神経の働き

寝続ける」ことは想定されていませんから、どちらの場合も長期化すれば心身の不調をきたします。ここではまず、短期的な自律神経の遠心性線維の役割を押さえておいてください。

自律神経系の求心性線維である「内臓求心性線維」と「内受容感覚」

ここはこの項目のキモです。難しい内容ですが、身体の機能を理解するうえでぜひ押さえておきたいポイントですので、頑張って読み進めてください。

内臓求心性線維は、胸やおなかの中の感覚、血管の感覚など、普段あまり意識しない身体の細部や深部の感覚情報を「内受容感覚」として中枢神経系に伝える神経線維です。

手足の皮膚で感じる感覚や痛覚は体性神経による体性感覚といい、感覚と認識がはっきりしています。においを嗅いだりものを見たりする嗅覚・視覚などの特殊感覚といわれる感覚もそうですが、これらと内受容感覚は質的に異なります（内臓感覚という言葉もありますが、イコールではありません）。

内受容感覚は、圧刺激（腸管内圧や心臓の拍動に伴う圧など）や伸縮刺激（胃壁の伸展刺激など）、内臓の温度や化学的な刺激（変化）に反応し、中枢神経系のなかでも島皮質に伝えられる感覚です（感覚神経は視床なので、同じ感覚の求心性線維でも伝えられる場所が違います）。

島皮質に情報が伝えられるということは、単に内臓の感覚としてではなく、感情と関連付けて知覚・解釈されます[2)]。この「解釈される」という点が大切です。例えば、過去にどきどきした経験を、良い出来事として記憶しているのか、それともつらい経験として記憶しているのかで、いま経験しているどきどきが良いものか、つらいものか、解釈が変わりうるのです。また吐き気やおなかの気持ち悪い感覚（腸の蠕動や腸管内圧の感覚）が、どういう情緒的体験と紐付いているかで解釈のされ方が変わります。これが、この内受容感覚の特殊さです。

内臓求心性線維によって伝えられた内受容感覚という情報は、内臓が最適な機能を発揮するために必要な体内環境のバランスを維持する（ホメオスタシス）だけではなく、感情のコントロールや現状に対する適応的な行動選択にも重要な役割を果たしています。内受容感覚の障害は、不安症、うつ病、摂食障害などの精神疾患と関連していることが示されていますし[3)]、心身症との関連も指摘されています[4)]。

これが自律神経の機能の一部として理解されているかどうかで、ずいぶん身体の理解が変わります。要は腸を大事にすることは脳を大事にすることにつながり、逆もまた然りということです（脳腸相関）。単に遠心性線維の交感神経・副交感神経とだけ理解するのではなく、ぜひこの内臓求心性線維の役割や内受容感覚と中枢神経系とのつながりを理解してもらえたらと思います。

情動が自律神経系に与える影響

中枢神経系では、先述してきた求心性線維からのフィードバックによる影響と情動による影響の２つがあります。意識下であれ無意識下であれ、大脳で起こる情動によって遠心性線維の情報が全身に送られ、その情動に関連した身体反応を起こします。

例えば、緊張に近い不安や怒りを感じれば交感神経系が興奮し、心地良さや安心を感じれば副交感神経系が興奮します。これを利用したものとして、うそ発見器が挙げられます。これは、うそをつくことで起こる精神的緊張による発汗という身体反応を検知します。また、トラウマに関連する出来事やパニック発作などで突如として症状が出るのも、この中枢神経系の影響です。

情動による身体への影響は人の脳が発達しすぎたことによる繊細さが原因であるといえますが、心理療法でも治療しうるのは、人の高い学習能力や言語力、想像力のたまものでもあると筆者は考えています。

自律神経系とホルモンとの関係（HPA軸、副腎からのストレスホルモン、消化管ホルモン、インスリン、免疫系）

自律神経とホルモン（内分泌）系、免疫系は非常に深い関係にあります。なかでも内分泌系は視床下部や下垂体（前葉）と、また免疫系は副腎（髄質）や各リンパ組織と結び付き、内部環境の調整や外敵からの防御体制など、全身・個体のホメオスタシスを制御しています（図3）。

内分泌系の上位組織は視床下部（Hypothalamus）で、前帯状回・扁桃体・前頭前野などさまざまな脳の要所とコンタクトを取って内分泌系を指揮しています。視床下部は、下垂体（Pituitary gland）を刺激してホルモンを分泌させ、各臓器へ影響を与えます。また緊張時には副腎（Adrenal gland）を刺激し、皮質からはストレスホルモンや副腎皮質ホルモンとして有名なコルチゾールを分泌させ、髄質からはアドレナリンやノルアドレナリンというホルモンを分泌させます。副腎の刺激によって分泌されたこれらのホルモンは、心拍数の増加、血圧上昇、エネルギー源となるグルコースの血中濃度上昇など、身体にさまざまな影響を及ぼします。視床下部・下垂体・副腎系それぞれの頭文字を取って「HPA（Hypothalamic-Pituitary-Adrenal）軸」と呼び、内分泌系を代表するシステムとして知られています。

副腎髄質から分泌されているアドレナリンやノルアドレナリンは免疫系に

も作用します。長期化すると、炎症性サイトカインの低下から、免疫力の低下やアレルギー反応の増強を招くことが示唆されています[5)]。明確な根拠が示されないまま、一部の自己免疫疾患やアレルギー、感染症などの発症要因として「ストレス」と成書には簡単に書かれていることが多いですが、このあたりの機序には複雑な神経系・内分泌系・免疫系の問題が関連していると考えます。

長期的な緊張が（身体のものであれ、精神的なものであれ、社会的・関係性におけるものであれ）ストレスとなって、いかにさまざまな問題を引き起こすかがわかったかと思います。長期的な緊張は神経を乱し、ホルモンを乱し、免疫を乱し、全体のホメオスタシスを乱すので、慢性的な緊張のアセスメントとアプローチ（緩和）は重要です。

3ケースから読み解くポイント

- ケース1のAは、肺がんの再発を指摘されたばかりであり、不安がっている様子や周囲に吐露できていないところから、交感神経系の過緊張が想定されます。一般的な検査で異常が出ない（器質的異常の関与が乏しい）にもかかわらず身体症状がある場合には、交感神経系による身体所見を丁寧に拾っていくことで過緊張状態を裏付けられます。
- ケース2のBは、現在の交際相手Cとの関係性、生育歴やいままでの学校生活の様子から、常に過緊張状態（交感神経系の亢進状態）であったと考えます。「Cさんとの関係はストレスでしょう」と直面化を促すよりは、身体に現れている所見から「負担の大きさ」を共有したほうがスムーズかもしれません。
- ケース3のDは、腹痛や下痢症状のほかに、自律神経系が関与する症状もあり、症状の強さや負担感から逆に緊張や負担などの大きさを知ることもできます。
- どのケースにおいても、自律神経の理解を患者やクライエントの状態把握に活用できると、とても幅が広がると思います。

引用・参考文献

1) Engel, GL. The need for a new medical model：a challenge for biomedicine. Science. 196 (4286), 1977, 129-36.
2) 寺澤悠理ほか. 内受容感覚と感情をつなぐ心理・神経メカニズム. 心理学評論. 57 (1), 2014, 49-66.
3) 是木明宏. 精神症状と内受容感覚. 神経心理学. 35 (4), 2019, 187-96.
4) 守口善也. 心身症とアレキシサイミア：情動認知と身体性の関連の観点から. 前掲書 2). 77-92.
5) Glaser, R. et al. Stress-induced immune dysfunction：implications for health. Nat Rev Immunol. 5 (3), 2005, 243-51.

（山根 朗）

コラム ②心身一如

日本の心身医学の生みの親である池見酉次郎（九州大学心療内科名誉教授）は、「心と身体はそれぞれ独立の単一としてではなく、単一過程の両面」[1]だと指摘しました。また池見は、「身体は自然や環境とじかに接しており、身体の反応は脳の概念的理解よりももっと直観的な理解である」と述べ[1]、身体と心を分離した西洋医学ではまかなえない領域を（心療内科が専門とする）心身医学や東洋医学が埋めることができると強調しました。

緊張は、心身不分離の現象だとつくづく思います。緊張する場面では、感情を認識するより先に、感覚や症状を身体が感じます。そのため、それを私たちは「緊張している」と認識しているのかもしれません。緊張を緩和する際にも、深呼吸をしたり、身体を動かしたり、手のひらに「人」と書いて飲み込んだり、まずは何らかの動作を行う人が多いでしょう。

身体について学ぶ機会がほとんどなかった心理師の方もいると思います。本書を通して、身体について学んでいただき、心身一如の概念へ思いを巡らせてみてください。

引用・参考文献

1) 池見酉次郎. 心身一如：心身医学における日本の役割 . 心身医学. 19 (5), 1979, 356-7.

（山根 朗）

3 緊張気質の心理社会的背景

パーソナリティ特性や気質は緊張のしやすさと関連する？

私たちの行動や心理的な傾向を特徴付けるパーソナリティ（性格）特性や気質は、緊張のしやすさと関連すると考えられています。この項目では、パーソナリティ特性と気質の考え方を踏まえたうえで、これらの特性がいかに緊張と関連するのかを解説します。

●パーソナリティ特性と気質の考え方

「○○さんは、神経質な気質だよね」（ケース1 のA）や「○○さんは、真面目な性格です」（ケース3 のD）といった言葉のように、私たちは日常的に、性格や気質という言葉を用いたり、耳にしたりします。あらためて、パーソナリティ特性や気質とは、心理学ではどのように説明される言葉なのでしょうか？ また、両者はどのように違うのでしょうか？ この点を整理するところから始めましょう。

まずは、パーソナリティ特性についてです。「見知らぬ人が多く集まるパーティー」に参加したとします。あなたは、どのような心理的状態になるでしょうか？ 例えば、Xさんは初対面の人とも積極的に交流し楽しそうに過ごせるでしょう。その一方で、Yさんは初対面の人に囲まれると緊張して、いつも通りに振る舞えません。このようなとき、この2人の性格は違うといえそうです。また3カ月後に違うパーティーに参加したときも、Xさんは初対面の人と親しく接することができ、Yさんはやはり緊張してしまいました。つまり、特定の状況に置かれたとき、ある個人はある程度一貫した行動を取る（もしくはある心理的な状態になる）傾向が見られます。このようにパーソナリティ特性は、ある状況下において個人を特徴付け、かつ長期間にわたりある程度一貫した行動や心理的な傾向を示すことを指します。これは言い換えれば、ある個人が取り巻く環境に適応するために身に付けた行動のレパートリーともいうことができます[1)]。

次に、気質について考えましょう。パーソナリティ特性との違いから説明するのであれば、パーソナリティ特性は生後の環境から多分に影響を受けて形成される適応的な行動のパターンです。それに対して、気質はより生得的な行動や心理的特徴を表すものだといえます。この点で、気質は乳幼児期から観察することができます。乳幼児は、生まれてからまだ間もないので、その行動や心理的傾向は環境からの影響をあまり受けていません。そのため、何らかの状況に置かれたときの乳幼児の行動や反応は、より遺伝的・神経生理学的な側面を反映するものだといえるのです。トマス（A. Thomas）[2)]によれば、こうした気質の個人差は生後2〜3カ月でも観察されるといわれます。例えば、ある乳幼児は、保護者以外の見知らぬ人に触わられると、とても嫌がりすぐに泣き出したりする一方で、別の乳幼児はまったく動じなかったりします。

●パーソナリティ特性を理解するための枠組み―類型論と特性論

パーソナリティ特性がさまざまな心理的変数と関連することを踏まえると[3)]、これは個人の行動や心理的な特徴を理解するために役立ちます。個人のパーソナリティ特性を理解するアプローチには、大きく類型論（タイプ論）と特性論があります。

類型論とは、人々の性格をいくつかのタイプに分けて考える枠組みのことです。わかりやすい例を挙げると、「A型はきちょうめん」「O型は大ざっぱ」のように説明する血液型性格診断がまさに類型論に当たります（ただし、血液型と性格の明瞭な関連は否定されているのでご注意ください）[4)]。伝統的な類型論には、精神分析で有名なユング（C. G. Jung）の内向型・外向型や、医学者であるクレッチマー（E. Kretschmer）の体格による性格類型論（細長型、肥満型、闘士型）などがあります（ただし、Body Mass Indexとパーソナリティ特性との関連は弱いか、ほとんどないことに留意してください）[5)]。類型論の立場からパーソナリティ特性を理解することのメリットは、「直感的にわかりやすい」ということに尽きます。しかし、いくつかのタイプに分けて個人を説明しようとするので、個人のパーソナリティ特性を細かく記述することができないというデメリットもあります。

この点で特性論は、類型論と異なり、パーソナリティ特性を細かい要素に分け、それらの程度の組み合わせによって、詳細に個人を説明しようとします。例えば、私たちのパーソナリティ特性を「真面目」「思いやりがある」「社交的」「好奇心がある」などの要素で捉え、それぞれがどの程度であるのかを考えます。「真面目」という要素を取り上げるのであれば、Xさんは「真面目」が7点、Yさんは「真面目」が3点、Zさんは「真面目」が1点のように定量的に比較することができます。

現在、心理学の研究では、この特性論の立場からパーソナリティ特性にアプローチすることが主流となっています。そのなかでも、ビッグファイブ理論は最も有力な特性論です。詳細な説明はほかの書籍に譲りますが、ビッグファイブでは個人のパーソナリティ特性を5つの因子の組み合わせで記述します。5つの因子としては、①神経症傾向（ネガティブな感情の経験のしやすさ）、②外向性（活発さ、ポジティブな感情の経験のしやすさ）、③勤勉性（真面目さ、目標追及の高さ）、④協調性（他者に対する思いやり）、⑤開放性（新しい刺激への興味や好奇心の高さ）が挙げられます。

緊張におけるパーソナリティ特性と気質の役割

次に、パーソナリティ特性や気質が緊張のしやすさとどのように関連するのかを考えていきましょう。まず前提として考えたいのは、一般的に、緊張はストレスなど何かしらの刺激を受けて引き起こされるという事実です。例えば、人前でスピーチする、スポーツの大会でパフォーマンスする、海外で不慣れな場所に行く、初めて会う人と話すなど、緊張を喚起するさまざまな状況や刺激が挙げられると思います。

●パーソナリティ特性や気質が刺激と緊張の関係を調整する

そうした状況が緊張を引き起こす場合がありますが、もちろん誰もが緊張するわけではありませんし、緊張したとしても人によってその程度が違った

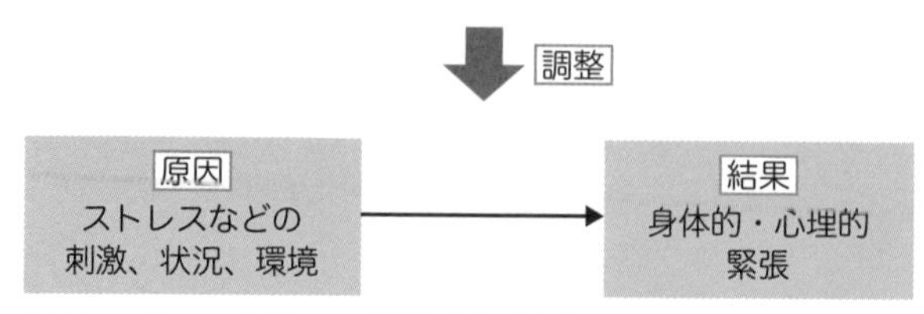

図1　パーソナリティ特性や気質が緊張の程度を調整する

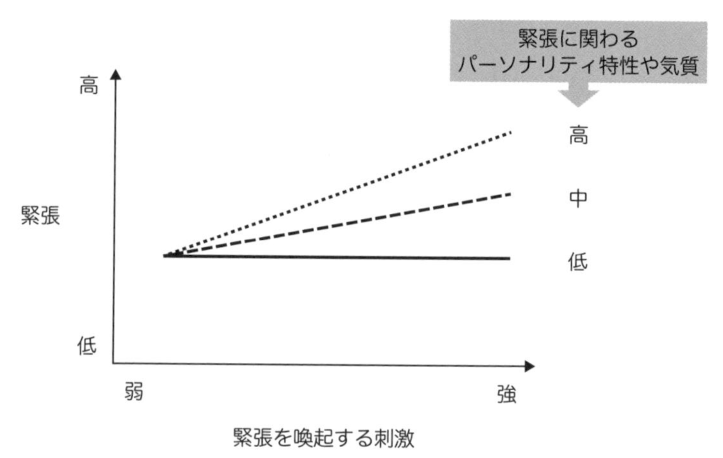

図2　ストレス脆弱性モデルからみたパーソナリティ特性と気質の役割

りします。この違いに関わるのが、個人のパーソナリティ特性や気質なのです。いわば、パーソナリティ特性や気質は、刺激と緊張の関係を調整する役割があるといえます（図1）。緊張に関わるある特性が高い個人は、ストレスなどの刺激から影響を受けやすく、その結果として身体的・心理的な緊張が生じる、と考えることができます。

●刺激と特性の交互作用からみた緊張

それをより具体的に示したのが図2です。図2は、ストレス脆弱性モデル（素因ストレスモデルともいいます）から緊張の生じやすさを説明したものです。縦軸が緊張の度合い、横軸が緊張を喚起する刺激の度合いを意味します。このストレス脆弱性モデルでは、いわゆるストレスに対して脆弱性を示す特性の高い個人が、ストレスフルな状況にさらされると、緊張を含む精神病理（不安や抑うつなど）を示しやすくなることを説明しています。

図2の中央を見てください。緊張に関わるパーソナリティ特性や気質の程度（低・中・高）ごとに、角度の異なる3つの直線があります。緊張に関わる特性が低い個人は、ストレスなどの刺激が弱くても強くても、相対的に緊張度合いは低いままです。一方で、こうした特性が高い個人は、刺激が強くなるほど、緊張度合いも高くなる様子が描かれています。

緊張しやすいパーソナリティ特性と気質

最後に、どのようなパーソナリティ特性や気質が、ストレスなどの刺激を経験したときの緊張のしやすさに関連するのかを紹介します。前述のように、こうしたパーソナリティ特性や気質の個人差が、刺激と緊張の関係を調整する役割を担うと考えてください。

● 緊張に関わるパーソナリティ特性

まず取り上げたいのは、ビッグファイブの一つの因子である神経症傾向です（情緒不安定性ともいいます）。神経症傾向の高さは、不安や心配、緊張を含む、ネガティブな感情の高まりと関連するパーソナリティ特性です[6)]。神経症傾向は、主に質問紙によってその個人差が測定されます。代表的な項目には、「不安になりやすい」「心配性」「弱気になる」「動揺しやすい」「緊張しやすい」などがあります[7)]。一般的に、神経症傾向が高い個人は、ストレスフルな経験からネガティブな影響を受けやすい傾向（例えば、主観的ウェルビーイングが低い）があります。ノルウェーの人口動態調査データを分析した研究では、神経症傾向の高さが慢性的な緊張型頭痛と関連することが報告されていたり[8)]、ケース3のDに見られるように、過敏性腸症候群の患者は神経症傾向が高いことが報告されていたりします[9)]。

● 緊張に関わる気質

次に取り上げたいのは、行動抑制システムと呼ばれる気質です。グレイ

(J. A. Gray)[10] の強化感受性理論によれば、私たちの行動は２つのシステムの競合によってコントロールされているといいます[11]。２つのシステムとは、行動抑制システムと行動賦活システムです。行動抑制システムは、罰や無報酬、極めて高い新規性、生得的な恐怖刺激（例えば、蛇や血液）などの刺激によって発動されるシステムのことです。こうした刺激によって、それまで行っていた行動を抑制したり（危機に備える）、覚醒度が上昇したり（次の行動を起こしやすくしたりする）、注意が上昇したり（より多くの情報を取り込む）するような行動が誘発されます。一方で、行動賦活システムは、報酬となるような刺激に行動が動機付けられるシステムです。

この２つのシステムのうち、特に行動抑制システムは、緊張や不安状態と関連することが報告されています。例えば、ローランド（D. L. Rowland)[12] のレビューによれば、人前で話したり、舞台に立ったりする際に、その刺激を受けて行動抑制システムが発動し、声の抑揚、手や腕のジェスチャー、顔の表情などのコミュニケーション行動が抑制されることが指摘されています。なお、行動抑制システムは、質問紙調査によってその個人差を測定することができ、代表的な項目には「何か良くないことが起ころうとしていると考えると、私はたいていくよくよ悩む」「何か重要なことをあまりうまくできなかったと考えると不安になる」などが挙げられます[11]。

● 緊張に関わるさまざまな特性

そのほかにも、さまざまなパーソナリティ特性や気質が緊張のしやすさと関連することが予想されます。代表的なものをいくつか挙げますが、これまで解説した神経症傾向や行動抑制システムと同様に、そのいずれも身体内外の刺激への気付きやすさや反応しやすさを表す特性です。

乳幼児の気質として、恐怖や悲しみ、怒りなどを激しく表現することを反映するネガティブ情動性（困難気質）があります。この気質が高い子どもは、不快になるとぐずってしまい、なかなか泣きやまず、いわゆる「扱いにくい子」と称されることがあります。またこれと関連して、成人のネガティブ情動性といえる情動反応性という気質があります。大学生 1,015 名を対象にした調査によると、情動反応性が高いほど緊張的覚醒度も高いことが報告されています[13]。

対人関係上の共感性を表す対人反応性という特性には、個人的苦痛という側面があります[14]。個人的苦痛とは、他者の苦痛を見ると、不安で落ち着かなくなったり、混乱してしまったりする傾向を指す特性です。

さらに、不安症の病因や評価、治療に関する研究で注目されてきた概念として、不安感受性があります。この特性が高い人ほど、「胸に痛みを感じると心臓が止まってしまうのではないか」と心配したり、「頭が働かないときに自分がおかしくなっているのではないか」と心配になったりするようです[15]。

●さまざまな刺激に対する感受性・反応性を表す特性

緊張を引き起こす刺激に対して、気付きやすかったり、反応しやすかったりする特性が、緊張のしやすさと関連することを解説しました。言い換えれば、これらの特性は、感受性・反応性の個人差を表しているともいえます。

近年、こうした個人差を捉えるための概念として、環境感受性という概念が注目されています[16]。環境感受性は、ポジティブとネガティブ両方の刺激や経験に対する処理や知覚の個人差を表す特性として定義されています。いわば、良い刺激と悪い刺激の両方からの影響の受けやすさを表す特性です。環境感受性は誰もが持つ特性であり、その個人差は正規分布に従います。

環境感受性の個人差は、遺伝子型（例えば、セロトニントランスポーター遺伝子多型）、刺激を受けたときの神経生理的反応性（例えば、コルチゾール値）、表現型としての気質やパーソナリティ特性、のそれぞれの指標に基づいて把握することができます。とりわけ、気質やパーソナリティ特性としての側面は、感覚処理感受性と呼ばれることがあります[17]。

環境感受性ないし感覚処理感受性が相対的に高い人は、Highly Sensitive Person（HSP）とラベリングされる場合があり、この特性が高いためにポジティブ・ネガティブ両方の刺激や経験から「良くも悪くも」影響を受けやすい人であると理解されています。

このことから、緊張を引き起こすような刺激のもとでは、感受性が高い人は感受性が相対的に低い人よりもネガティブな影響を受けやすく、神経生理的あるいは心理的な緊張が生じやすいと予想されます。

3 ケースから読み解くポイント

- パーソナリティ（性格）特性とは、ある状況においてその人を特徴付け、長期間にわたるある程度一貫した行動や心理的な傾向のことを表します。
- 気質とは、パーソナリティ特性よりも生得的（遺伝的・神経生理的）な要因を反映する行動あるいは心理的な傾向を指し、乳幼児期から観察することができます。
- 緊張に関わるパーソナリティ特性や気質は、緊張を引き起こす刺激とそれによって生じる緊張の関係を調整する役割を担います。こうした特性は、刺激に対して、気付きやすかったり、反応しやすかったりする点で共通しています。
- ケース 1 の A は「神経質であり、溜め込む性格」と説明されていますが、これは特性論（ビッグファイブ）でいうところの神経症傾向の高さ、類型論でいうところの内向性の高さと関連するかもしれません。
- ケース 3 の D は「真面目で、何でも完璧にこなさなければ気が済まない性格」と説明されていますが、これは目標追及のために努力する特性（勤勉性）とネガティブな感情を抱きやすい特性（神経症傾向）と関連するかもしれません。
- ケース 3 の D が主訴とする下痢・腹痛（過敏性腸症候群）は、ストレスの影響を受けやすい神経症傾向の高さと関連することが報告されています。

引用・参考文献

1) サトウタツヤほか．心理学・入門：心理学はこんなに面白い．東京，有斐閣，2011，268p.
2) Thomas, A. et al. Temperament and development. New York, Brunner/Mazel, 1977, 270p.
3) Bainbridge, TF. et al. Evaluating the Big Five as an organizing framework for commonly used psychological trait scales. J Pers Soc Psychol. 122 (4), 2022, 749-77.
4) 縄田健悟．血液型と性格の無関連性：日本と米国の大規模社会調査を用いた実証的論拠．心理学研究．85 (2), 2014, 148-56.
5) Sutin, AR. et al. Personality traits and body mass index : Modifiers and mechanisms. Psychol Health. 31 (3), 2016, 259-75.

6) Weiss, A. et al. A new look at neuroticism：Should we worry so much about worrying?. Curr Dir Psychol Sci. 29（1), 2020, 92-101.
7) 並川努ほか. Big Five 尺度短縮版の開発と信頼性と妥当性の検討. 心理学研究. 83（2), 2012, 91-9.
8) Aaseth, K. et al. Personality traits and psychological distress in persons with chronic tension-type headache. The Akershus study of chronic headache. Acta Neurol Scand. 124（6), 2011, 375-82.
9) Tkalcić, M. et al. Differences in the health-related quality of life, affective status, and personality between irritable bowel syndrome and inflammatory bowel disease patients. Eur J Gastroenterol Hepatol. 22（7), 2010, 862-7.
10) Gray, JA. The psychophysiological basis of introversion-extraversion. Behav Res Ther. 8（3), 1970, 249-66.
11) 高橋雄介ほか. Gray の気質モデル：BIS/BAS 尺度日本語版の作成と双生児法による行動遺伝学的検討. パーソナリティ研究. 15（3), 2007, 276-89.
12) Rowland, DL. et al. Anxiety and performance in sex, sport, and stage：Identifying common ground. Front Psychol. 10, 2019, 1615.
13) Jankowski, KS. et al. Mood as a result of temperament profile：Predictions from the regulative theory of temperament. Pers Individ Differ. 52（4), 2012, 559-62.
14) 日道俊之ほか. 日本語版対人反応性指標の作成. 心理学研究. 88（1), 2017, 61-71.
15) Taylor, S. et al. Robust dimensions of anxiety sensitivity：Development and initial validation of the Anxiety Sensitivity Index-3. Psychol Assess. 19（2), 2007, 176-88.
16) Greven, CU. et al. Sensory Processing Sensitivity in the context of Environmental Sensitivity：A critical review and development of research agenda. Neurosci Biobehav Rev. 98, 2019, 287-305.
17) Aron, EN. et al. Sensory processing sensitivity：A review in the light of the evolution of biological responsivity. Pers Soc Psychol Rev. 16（3), 2012, 262-82.

（飯村周平）

コラム ③周りの緊張がうつる？

第１章３では、緊張に関わるパーソナリティ特性として、ビッグファイブの神経症傾向を取り上げました。しかし、ビッグファイブにはもう一つ、緊張と関わる因子があります。それは、「協調性」です。協調性は、優しさや寛大さ、忍耐強さなどで表されるパーソナリティ特性で、他者との関係を円滑に進めていくための特性です。この協調性は、他者の立場に立って物事を考えたり、相手の気持ちを理解したりする共感性とも関連があります。そのため、周りが喜んでいれば自分も喜び、周りが落ち込んでいれば自分も落ち込みます。そして、周りが緊張していると、最初は平気だったにもかかわらず、だんだんと緊張するようになっていきます。

この協調性や共感性には、ミラーニューロンと呼ばれる神経細胞が関連しているといわれています。このことからも協調性は人が社会的生物であるうえで欠かせない特性なのだと考えられますが、それによって、周りの緊張がうつってしまうこともあるのは、ちょっと困りものです。

（髙坂康雅）

第2章

緊張の現れ
～身体と心と関係性に～

1　緊張によって生じる身体的影響

「緊張」という言葉が表すもの

「緊張」という言葉の意味を辞書で引くと、「心やからだが引き締まること。慣れない物事などに直面して、心が張りつめてからだがかたくなること」[1]と記されています。この記述は、皆さんが普段、緊張という言葉を使うときに浮かぶイメージと大きく異なってはおらず、すんなり理解できるものではないでしょうか。

しかし、この内容には注目すべき点があります。緊張という言葉は、心が張り詰める心理的変化と、身体が硬くなる身体的変化を、一連の出来事として含意しており、それを私たちが当たり前だと捉えている点です。私たちが「緊張する」と言ったとき、その言葉が心の在り方を意図して使われたとしても、知らず知らずのうちに身体の状態も変化しているのです。

では、心理的変化と身体的変化はどのようにひとつながりとなっているのでしょうか。この項目では、心理的変化が身体的変化を引き起こす仕組みと、それが症状として現れる理由を見ていきます。

緊張したときに起こる身体的変化

皆さんが緊張するシチュエーションはどのような場面でしょうか。人前でのスピーチ、大切なテストの前、発表会や演奏会、上司との会話、初めてのデート、などさまざまな状況が浮かぶでしょう。では、次にそのような状況のときに、どのような身体の変化を自覚するでしょうか。例えば、どきどきする、手が震える、汗が出る、頭が真っ白になる、おなかが痛くなる、息苦しくなる、身体がこわばる、口の中がからからになる、血の気が引いて倒れそうになる、などの変化を思い浮かべるのは容易でしょう。これらの変化は自律神経系の反応やホルモン分泌によって生じ、身体の感覚過敏性の上昇によって知覚されやすくなります。

●自律神経系による身体の反応

第1章で述べられていたように、緊張状態や恐怖・不安が強い状態では自律神経系、特に交感神経系が優位に働くことで闘争—逃走（fight–flight）に適した身体反応を引き起こします[2)]。これらが筋肉の収縮、発汗、動悸、腸管運動の異常などを引き起こすことも第1章で説明があった通りです。

その一方で、極度のストレスがかかることで副交感神経系が優位に働いてすくみ（freeze）状態となると、思考が鈍くなったり、一時的に血圧が低下して気が遠くなるなどの症状が出現したりする場合もあります[2)]。つまり、短期的な緊張状態での身体的変化は、「自身の置かれた状況に適応するために、自律神経系を中心とした身体のモードチェンジの機能が働くことで生じるもの」だと考えてよいでしょう。

●心理的ストレスと身体感覚過敏性の関係

「自律神経系の働きによって身体的変化が起こる」とはいうものの、われわれは日常の生活のなかでも血圧・心拍数などの変動が見られています。普段はそれらを意識することがないにもかかわらず、緊張状態ではこれらの身体的変化を敏感に感じ取れるようになるのはどうしてでしょうか。

われわれの脳は、身体の感覚情報を受け取って必要な情報を残し、不要な情報を切り捨てるという処理をしています。怒り、恐れ、悲しみといった不快な情動が生じた際には、一時的に身体感覚の過敏性が上昇することが知られています[3)]。緊張しているときにはわずかな物音が気になったり、注射を打たれる際に意識を集中すると痛みを強く感じたりする、といった経験は皆さんにもあるのではないでしょうか。これもまた、状況に適応するための適切な対応といえるでしょう。

慢性的な緊張状態に伴って起こる身体機能の障害・症状

これまで述べた身体的変化とその自覚は、緊張状態における一時的な変化であり、緊張状態が終われば症状は治まります。このため、これらの症状を病的なものであると捉える人は少ないでしょう。ただ、Bio-Psycho-Social のいずれかの要因の影響で、持続的に緊張が続く状態に置かれると話は変わってきます。短期的な身体的変化であったものが持続して起こることで、身体のさまざまな部位の働き、つまり身体機能に障害が生じるようになってきます。この段階になると、状況に適応するための適切な身体反応の範疇(はんちゅう)を逸脱し、症状は病的なものとして知覚されるようになります。

この項目では、緊張の持続でどのような機能障害が生じ、それが具体的にどのような症状として現れるかを見ていきましょう。なお、この項目では症状は＿＿＿、疾患群名は..........を記すことにします。

●慢性的なストレスによる中枢機能の変化

緊張をはじめとする心理的ストレスをヒトが感じると、自律神経系、特に交感神経系の活動が一時的に亢進することは幾度か述べてきましたが、長期間のストレスにさらされることで、自律神経系やHPA（視床下部—下垂体—副腎系）軸の働きが変化します。

ヒトはストレスにさらされると、最初は副腎髄質からノルアドレナリンなど闘争—逃走に適したホルモンが血中に分泌されます。しかし、ストレスが慢性化し、戦うことも逃げることもかなわない場合、血中のコルチゾールの分泌が亢進します。これらのホルモン分泌の変化により、脳の前帯状回や扁桃体がより興奮しやすい状態となり、末梢から脳に入力された外部刺激の情報が増幅されるようになります[4)]。

また、脳には過剰な入力、特に痛み刺激の入力を抑えるために、末梢から脳への情報を抑制する下行性疼痛抑制系と呼ばれる回路がありますが、この抑制が解除されることで脳への外部刺激の入力自体が増加します[5, 6)]。

これらの仕組みによって脳が感覚過敏となった状態は、中枢性感作と呼ばれます（**図1**）。ほかにも、同じ刺激を繰り返し受けた場合、末梢での入力

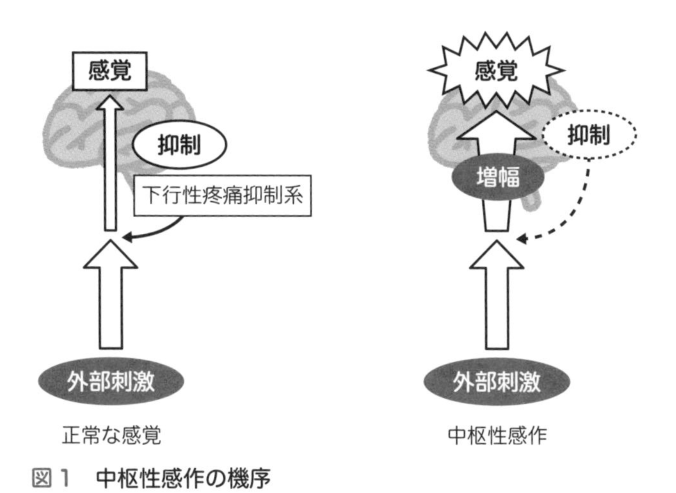

図 1　中枢性感作の機序

が増加する末梢性感作も見られることがあります。

これらの脳や感覚神経の機能変化により、痛みをはじめとする体性感覚を通常より強く感じるようになり、後述するさまざまな機能障害を、身体症状として自覚しやすくなってしまうのです。さらに、長期的なストレスは脳の前頭前野という情動を制御する部位の機能を低下させることも知られており[7]、この部位が障害されると適切なストレス対処思考が阻害されます。これによりストレスの影響がより強まるという悪循環が引き起こされることになります。

●疼痛を主訴とする障害

前述した脳の感覚過敏性が最も直接的に影響する現象は疼痛の知覚です。急性の痛みは、われわれが危害を受けることを避けるための警告信号として機能しています。けがをして組織が損傷した場合、疼痛はそれ以上の行動を抑制して損傷が拡大しないようにし、障害部位に意識を向けさせ、保護的な行動を取らせるなどの利点があります。

そのような生理的な痛みに対して、感覚過敏性が上昇し、疼痛閾値が慢性的に低下した状態で生じる痛みは、警告信号としての役割を失い、危険性がない状態であるにもかかわらず、脳が警戒信号を出し続けて痛みを生み出している状態といえます[4, 8)]。このような状態は慢性疼痛症と呼ばれ、安静時でも全身のさまざまな部位に持続的疼痛を訴えるケースや、体動時にのみ疼痛が生じるケース、皮膚に触れるだけでも強い疼痛を訴えるアロディニアなど多様な症状が知られています。

この脳の働きは可塑性があるため、痛みがある状態のままでも身体を動かすことで、徐々に過敏性の改善が見られる場合があります[9)]。

● 筋肉の持続的収縮に伴う機能障害

緊張感の持続で最も生じやすい身体的変化は、慢性的な筋収縮が引き起こす筋硬結、可動制限、疼痛などです。皆さんのなかにも肩凝りとそれに伴う痛みを感じたことがある人は多いでしょう。このような変化は以下のような仕組みで起こります。

筋肉は収縮と弛緩を繰り返すことで身体を動かす器官ですが、緊張状態が続くと身体に力が入り（つまり常時わずかな筋収縮が起こり続け）、微小な筋障害が生じます。この微小な筋障害が神経筋接合部での伝達に関わるCa^{2+}やアセチルコリンの放出を過剰にすることで、より収縮が持続しやすくなります[10)]。筋収縮により、筋肉に分布している毛細血管も収縮し、血流低下が生じます。その結果、血液からの酸素やエネルギー源の供給の不足と、筋収縮で生じる老廃物の血液への排出ができず、筋障害が増悪するという悪循環が生じます。

最終的にはこれが繰り返されることで筋肉の組織学的変化が生じ、筋肉の中に収縮し続けたままのしこりである筋硬結ができることになります。

この部位は柔軟性が欠如することで、身体の可動制限につながります。また、酸素やエネルギーの不足による筋障害は、痛みを感じるセンサーである侵害受容器を刺激するさまざまな物質の放出を促し、硬結部位に疼痛を生じるようになるのです。

筋肉の機能障害に関連する症状（図2）

1）呼吸筋群の障害による症状（呼吸困難感、胸部絞扼感、過換気など）

呼吸にはさまざまな筋肉が関係しています。呼吸筋群、特に吸気に関連する筋群の柔軟性や可動性が低下すると、胸郭の拡張が不十分となり一回換気

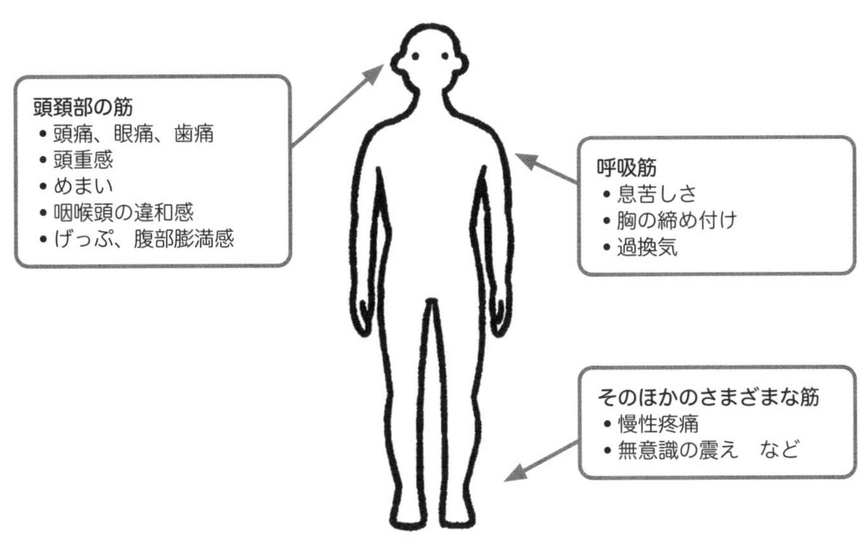

図 2　筋肉の機能障害に関連する症状

量が減少、つまり呼吸が浅くなり、息苦しさを覚えます。浅い呼吸を補うために呼吸回数が増加し、過換気気味になる傾向もあります。また、常に胸郭が拡張しにくい状態が続くと、胸が締め付けられるような苦しさを感じる場合もあります。

なお、体内の CO_2 濃度は脳血流の調整に関与しています。呼吸回数の増加によって体内の CO_2 の排出が進むと脳血管の収縮による脳血流の減少が生じ、頭が回らない感覚や、時には気を失う原因ともなりえます。また、体内の CO_2 が減り、体液の pH がアルカリ性に偏ることで血中の Ca^{2+} 濃度が低下し[11]、指先や口唇のしびれの感覚が生じることもあります。

2）頸部の筋の障害による症状（頭重感、めまい、喉の詰まり、腹部膨満感など）

ヒトは進化の過程で、体格に比べて大きな頭部と直立二足歩行する能力を獲得したため、構造的に頭部を支える筋群への負荷がかかりやすくなっています。そのため、頸部の筋障害が存在すると、頭を支える際の負荷が大きくなり、頭重感を自覚するようになります。また、姿勢が変化したときに、頭部を一定の位置に保つ姿勢反射という不随意の運動がヒトには備わっていま

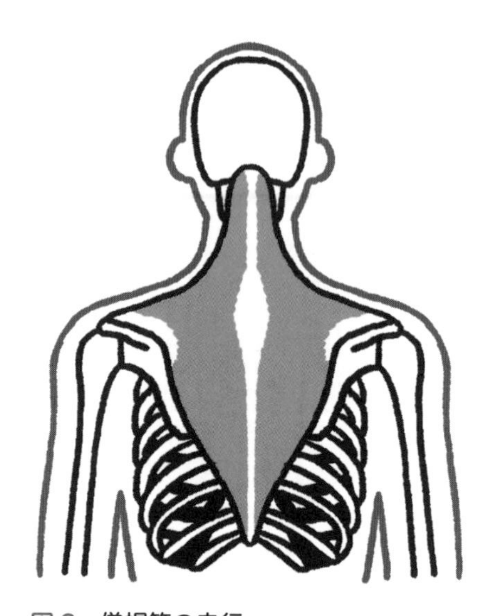

図3　僧帽筋の走行

（文献12を参考に作成）

すが、筋の柔軟性の低下によって反射が保てなくなることで、常に頭部が揺さ振られている感覚が生じる頚性めまいが起こります。

さらに頚部の筋肉は嚥下機能にも関連しており、これらの筋が正常に機能しないことで、飲み込みづらさや常に喉に塊が引っかかっているような感覚を訴える咽喉頭異常感症（ヒステリー球）の原因となったり、飲み込みの際に大量の空気嚥下を伴うことで腹部膨満感や曖気（げっぷ）の原因となったりすることもあります。

3）後頭部の筋の障害による症状（緊張型頭痛、神経痛など）

詳細な機序は不明な点も多いのですが、肩から首にかけて広く分布している僧帽筋（**図3**）[12]の持続的収縮と、頭が重だるく、こめかみ周囲を締め付けられるような痛みを生じる緊張型頭痛に関連があることが知られています。緊張型頭痛は最もありふれた頭痛の一つですが、これが慢性化することで、前述した中枢性感作のメカニズムの関与により治療に難渋するケースをしばしば見かけます。

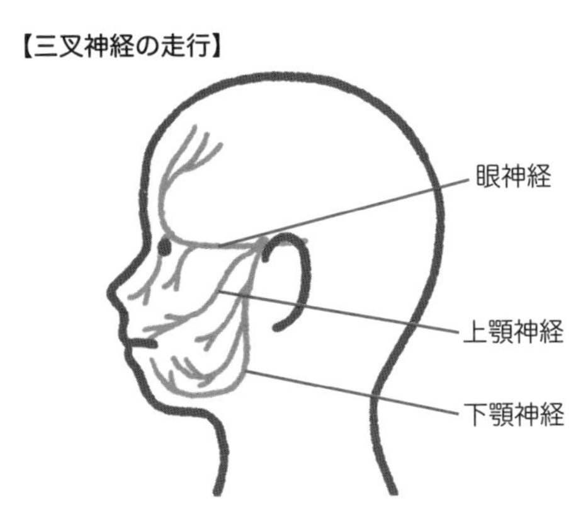

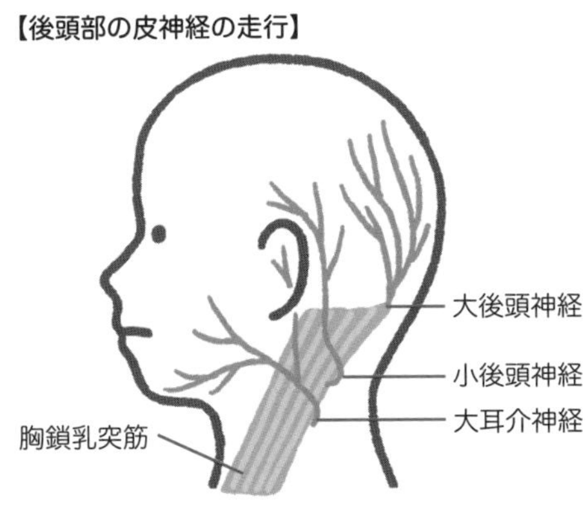

図4　三叉神経と後頭部の神経の走行

（文献12、13を参考に作成）

また、顔面には三叉神経が、後頭部には大後頭神経・小後頭神経・大耳介神経の３つの神経が走行しており（**図4**）[12, 13]、筋硬結によってこれらの神経が圧迫されることで、神経の走行部位に沿って三叉神経痛や後頭神経痛と呼ばれるタイプの頭痛・眼痛・歯痛が生じます。

4）そのほかの症状

先ほども述べたように、全身の筋肉の緊張が慢性的に続くことで、さまざまな部位の神経圧迫や血流障害による炎症に伴う疼痛が生じます。前述した疼痛閾値の低下と持続的な筋緊張が相互に作用し合うことが、全身のさまざまな部位の慢性疼痛を引き起こす一因となっています。また、筋収縮が適切なタイミングで適切な強さで行われない状態になると、文字を書く際に生じる書痙を代表とした、特定の行為の際に震えが生じるジストニアと呼ばれる不随意の振戦が起こることもあります。さらに、無意識に強いかみ締めが続くことで顎関節の関節円板が摩耗し、開口時の顎の痛みなどの顎関節症を引き起こす原因となります。

●消化管の運動・機能障害

ヒトの口から肛門までは食道、胃、十二指腸、小腸、大腸、直腸とひとつながりの管で形成されています。これらが連動して運動することで食物の消化・吸収・排泄がスムーズに行われます。消化管の運動を支配する神経系は腸管神経系と呼ばれ、自律神経系と協働しながらも、独立して消化管の運動を調整しています。

腸管神経系は筋層間のアウエルバッハ神経叢（そう）と、粘膜下のマイスナー神経叢という２つの神経叢から成ります。アウエルバッハ神経叢は主に消化管の運動に関与しています。この運動は、食物を細かくし、消化酵素と混合し、口から肛門方向に輸送する働きがあります。一方、マイスナー神経叢は主に腸管での消化酵素の分泌、栄養や水分の吸収に関与しています。これらの神経叢の働きでスムーズな消化吸収が行われるのですが、働きが滞ったり、過剰になったりするとさまざまな症状が引き起こされます。

また、腸管神経系には4〜6億個程度の神経細胞が存在します。脳に次いで生体内で２番目に神経細胞の多い臓器といわれており[14]、近年では脳と腸の状態が双方向的に影響を及ぼし合う脳腸相関が注目を集めています。脳が精神的ストレスを感じることで、自律神経系やHPA軸を中心とした内分泌系を介して腸管神経系の働きを低下させ、これが長期にわたることにより腸内細菌をはじめとする腸内環境の悪化が脳にストレスを与えるという悪循環が生じ、腹部症状の固定化が起こります。

消化管の機能障害に関連する症状（図5）

1）食道の機能障害に伴う症状（食道痙攣、胃食道逆流症など）

食道は主に、食物を口から胃の一方向に輸送しています。この運動に異常が生じると、食物がつかえる感覚が生じます。また、食事摂取時以外のタイ

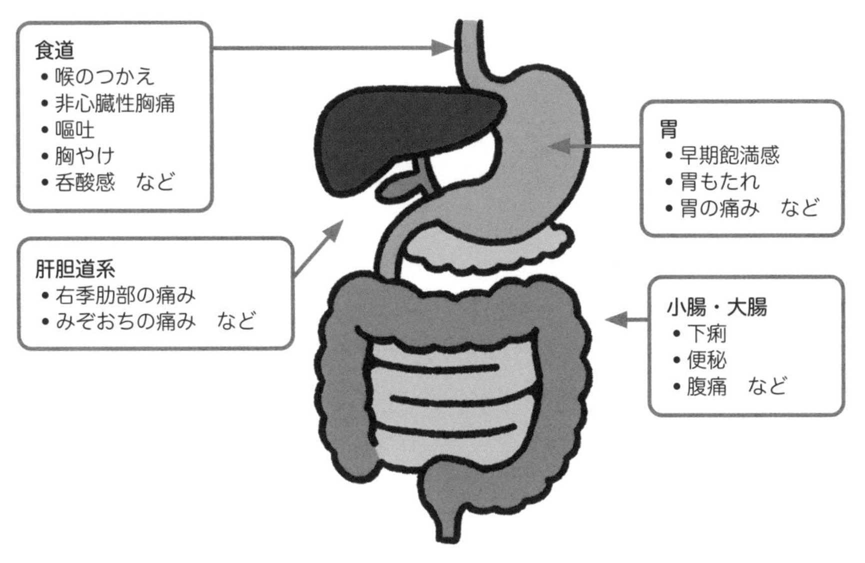

図5　消化管の機能障害に関連する症状

ミングで不規則に強い収縮を繰り返す食道痙攣が起こる場合は、胸痛の症状が現れます。

さらに、胃と食道を隔てる下部食道括約筋の収縮がうまく制御できず強い収縮が続くと、食道から胃に食物が送れず嘔吐してしまう食道アカラシアが生じ、逆に収縮が不十分だと胃から食道に食物が逆流する胃食道逆流症（Gastro Esophageal Reflux Disease；GERD）となります。胃酸が食道壁を荒らし、胸やけや胃酸が上がってくる呑酸感を感じる逆流性食道炎が有名ですが、最近の研究では食道壁が荒れていないにもかかわらず、逆流性食道炎と同様の症状を訴える非びらん性胃食道逆流症（Non-Erosive Reflux Disease；NERD）が半数以上を占めることが明らかとなっており、胃酸による荒れだけでなく、食道の知覚過敏も症状の大きな要因と考えられるようになってきています[15]。

2）胃の機能障害に伴う症状（機能性ディスペプシア、胃潰瘍など）

胃には、食物が流れ込んでくると反射的に拡張して、より多くの食物を受け入れようとする適応性弛緩という機能と、食物が溜まると十二指腸に順次送り出す排出機能が備わっています[16)]。適応性弛緩は胃内の圧が高まることで、筋層間の神経叢が働き、胃壁の筋が弛緩して生じます。この働きが障害されることで、少量の食事摂取ですぐにおなかがいっぱいになる早期飽満感の症状が現れます。また、排出能が低下することで、いつまでも食物が胃にとどまり続ける胃もたれの症状を自覚します。これらの胃の運動障害に加えて、胃の知覚過敏も症状の自覚を増幅させ、食後愁訴症候群（Postprandial Distress Syndrome；PDS）と呼ばれる病態を形成しています。

また、胃の症状として、食事摂取と関係なく胃付近の痛みや灼熱感を訴える心窩部痛症候群（Epigastric Pain Syndrome；EPS）と呼ばれる疾患があります。これは胃酸に対する胃の知覚過敏が関与すると考えられています。これら PDS と EPS を合わせた機能障害による上腹部の愁訴は、機能性ディスペプシア（Functional Dyspepsia；FD）と呼ばれています。

なお、機能障害ではなく、ストレスによって生じる器質的胃病変の代表として胃潰瘍があります。食物の消化と殺菌のために、胃からは強力な酸である胃酸が分泌されています。これから自身を守るために、胃は粘膜からの粘液分泌による防御も行っています。しかし、身体的・精神的なストレスにさらされると交感神経系と内分泌系を介して胃粘膜全体への血流量が低下するとともに、さまざまな化学伝達物質が放出され、粘膜の局所でも血液循環の低下が生じます[17)]。血液循環の低下により粘膜に障害が起こることで、胃酸によって胃壁を自己消化してしまい、潰瘍形成に至るのです。

3）小腸・大腸の機能障害に伴う症状（過敏性腸症候群、機能性下痢、便秘、蠕動痛など）

小腸は消化液などの分泌と栄養吸収、大腸は主に水分吸収と排泄に関わる臓器です。これらの働きに異常が生じることで下痢や便秘、腹痛などの症状が現れます。

【下痢が生じる機序】

一般的に下痢の原因は大きく以下の４つの機序に分けられます。

①浸透性（腸管内の食物の浸透圧が高く、水分吸収が阻害される）

②滲出性（炎症によって水分が腸管壁から染み出す）

③分泌性（腸からの水分の分泌が増加する）
④蠕動運動性（腸管の通過時間が短くなり、十分に水分が吸収できない）

このうち、腸管の機能障害では、①栄養の吸収不良に伴う浸透性、③小腸からの消化液の分泌亢進による分泌性、④蠕動運動亢進による蠕動運動性の下痢が生じます。

【便秘が生じる機序】

便秘の原因は主に大腸にあり、腸管内に狭窄や通過障害を起こすような器質的異常がない場合は、大腸運動の機能的異常によって生じます。大腸が弛緩し運動が低下することによって便の通過時間が延長し、水分吸収時間が延長して便が硬くなる弛緩性便秘と、運動が亢進することによって腸管が痙攣し、便の輸送が障害される痙攣性便秘の２タイプが大腸全体の運動の異常によって起こる便秘です。ほかには、直腸内に便が貯留しても排便反射が生じないことによる直腸性便秘もあります。これは高齢者に多く見られますが、排便を我慢し続けなくてはならない環境に置かれると、反射機能が低下して生じることもあります[18)]。

【腹痛が生じる機序】

われわれが皮膚や筋肉から感じる体性痛は、強い機械刺激や高温によって生じ、感覚神経によって脳に伝えられる痛みです。皮膚の痛みは鋭く、障害部位に限局しているのが特徴です。

それに対し内臓には感覚神経が分布していないため、切断や電気焼灼などで痛みは生じません。内臓痛は自律神経系によって脳に伝えられ、内臓平滑筋の強い収縮・強い伸展、虚血などの際に生じる、局在性に乏しい鈍い痛みです[19)]。蠕動運動の異常によって腸管の強い収縮やその周辺部位の伸展が生じたり、便秘の際に便が貯留して腸管が伸展刺激を受けたりすることで生じます。

【過敏性腸症候群】

腸管の機能障害によって生じる疾患の代表例が過敏性腸症候群（Irritable Bowel Syndrome；IBS）です。便形状の変化を伴う腹痛症状が現れ、排便によって腹痛症状が変化することが特徴です。便形状の変化とは具体的には下痢や便秘を指しています。発症機序には未解明な点も多いのですが、感染性腸炎など、腸管に強い物理的ストレスがかかった後にしばしば発症することが知られています。

過敏性腸症候群の患者では、心理的ストレスの負荷時に大腸運動の亢進が見られ、脳波が低振幅速波化し、脳の扁桃体・前帯状回の働きが亢進する脳腸相関が知られています[20)]。これらにより、腸内の食物の通過時間が変化したり、消化吸収がスムーズに進まなかったりするために下痢や便秘が生じるとともに、腸管の感覚過敏性が亢進して腹痛を生じると考えられています。また、腸内細菌叢の変化や免疫細胞の活性化による微小な炎症が腸内に生じることも症状に関与していると考えられています。

なお、代表的な機能性腸疾患は過敏性腸症候群ですが、それ以外にも、腹痛と便形状の変化が併発せず、単一の症状のみのタイプの機能性下痢、機能性便秘、機能性腹痛も存在します。

4）そのほかの症状（慢性膵炎、胆道ジスキネジアなど）

腸管は枝分かれして肝臓、胆嚢、膵臓ともつながっています。そのため、ストレスによる消化管運動障害に関連してこれらの部位に機能障害が生じる可能性があります。胆道の急激な収縮によって胆汁うっ滞が生じ、食後に右肋骨の下付近に強い痛みが生じる胆道ジスキネジアや、膵液分泌を調節する乳頭括約筋の障害により慢性的に膵液分泌が障害されて、みぞおちがちくちく痛む慢性膵炎を生じることもあります。

● 心血管系の障害

心臓は規則的に収縮することで全身に血液を循環させ、必要とする組織に血液を通じて酸素を供給しています。エネルギーを消費した際は組織の酸素需要が上昇するので、心臓はより多くの血液を全身に供給するために、心拍数や心収縮力を増加させ、血圧を上昇させます[21)]。この、心拍数や血圧を調整する機構を制御しているのが自律神経系です。

心臓には洞房結節という部分があり、ここが一定周期で興奮することで心臓を一定周期で収縮させる信号を発する、ペースメーカーの働きをしています。交感神経の末端や副腎髄質から分泌されるカテコラミンは、この洞房結

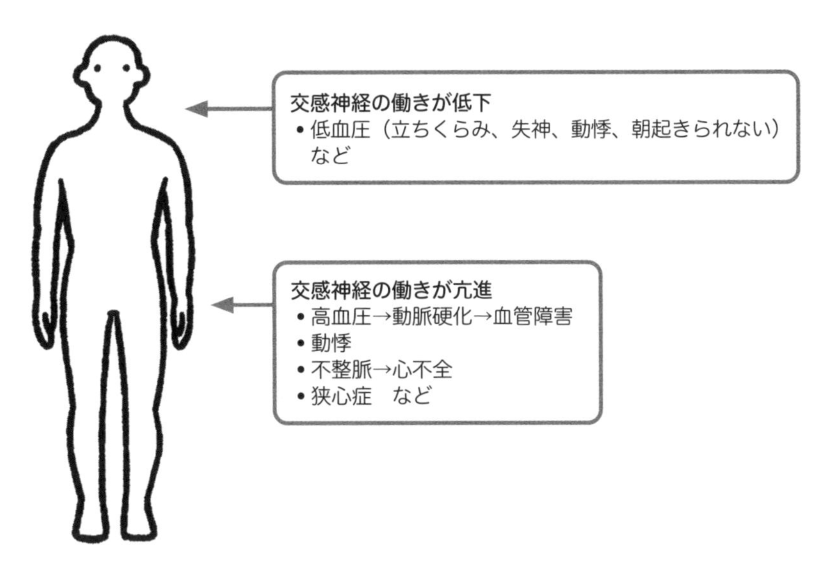

図6　自律神経機能の心血管系への影響

節の興奮頻度を上昇させて心拍数と心収縮力を増加するとともに、皮膚表面や末梢の血管を収縮することで血管抵抗性を上昇させ、血圧の上昇を引き起こします。

一方で、副交感神経の末端から分泌されるアセチルコリンはこの逆の働きをすることで、心拍数の減少や血圧の低下を引き起こします[2)]。

そのため、自律神経系の機能が低下すると、血圧や心拍数を状況に応じて変動させることが難しくなり、さまざまな症状が起こるのです。

心血管系の機能障害に伴う症状（図6）

1）低血圧・脳虚血に伴う症状（起立性低血圧、血管迷走神経反射）

血液は重力に引かれて下方に溜まるため、姿勢の変化によって体内の血液の分布量は変化します。寝た状態や座った状態から急に立ち上がると、下半身に血液が集中するため、対策を取らない場合は脳への血流が低下してしまいます。

脳は最も酸素不足に弱い臓器であるため、血流低下を防ぐ仕組みとして頸動脈洞と大動脈弓に血圧を感知する動脈圧受容体があります。この部位が頸部の血圧の低下を感知すると瞬時に交感神経系を興奮させ、末梢血管抵抗性の上昇と心拍出量の増加によって血圧を上昇させます。これにより、突然の姿勢変化でも脳血流が保たれます。

しかし、交感神経系の働きが低下している場合は、体勢変化に伴う血圧低下に迅速に対応できず、一時的な脳虚血を起こす場合があります。これが起立性低血圧と呼ばれる疾患で、立ち上がった際に目の前が暗くなる、吐き気がする、そして時には意識を失って倒れるなどの症状が見られます。

また、睡眠時には副交感神経系が優位になり、起床すると交感神経系が優位となることで、起床時に血圧が上昇し、活動に適した身体状態となるのですが、交感神経系による血圧上昇の働きが起こらないと、目が覚めても起き上がることができないという形で症状が現れることもあります。人によっては起立時に脈が速くなることで低血圧を補う場合もあり、これは体位性頻脈症候群（Postural Orthostatic Tachycardia Syndrome；POTS）と呼ばれています。

さらに、極度の緊張状態や長期の起立によって交感神経優位な状態が持続すると、バランスを取ろうとして迷走神経（副交感神経の一種）の働きが増すことがあります。これによって急激に血圧が低下し、同様に一時的な脳虚血が生じることがあります。これは血管迷走神経反射と呼ばれています。

2）交感神経優位が続くことによる症状（高血圧症、動悸、不整脈など）

高血圧の原因はさまざまですが、持続する心理的ストレスも関与します。交感神経系が慢性的な興奮下にある場合は、前述したように血圧上昇が持続する状態となるためです。高血圧症そのものには、基本的に自覚症状はありませんが、血管壁に高い圧力がかかり続けることで微細なダメージが蓄積し、数十年のスパンで見ると、徐々に血管が硬く・分厚く変化する動脈硬化症に進展します。硬化した動脈は弾力性を失い、破裂による出血や梗塞の原因となります。小血管に起こると腎硬化症による腎不全や眼底出血による失明などにつながり、大血管に起こると脳卒中、心筋梗塞、大動脈瘤などの致死的疾患の原因となります。

また、心筋に存在するβ受容体に、交感神経末端から分泌されるカテコラミンが作用することで心筋の興奮性が増加し、洞房結節の興奮による調整と関連しないイレギュラーな心筋の収縮が起こりやすくなります[22]。期外収縮、心室頻拍、心房細動と呼ばれるタイプの不整脈は交感神経機能の亢進によって誘発されることが知られています。期外収縮では脈が飛んだ感覚、心室頻拍や心房細動では強い動悸を症状として自覚することがあります。それ以外にも、交感神経系の働きが亢進することで脈が速くなり、これを動悸として自覚することもあります。

そして、これら高血圧症や不整脈が持続することで、心臓への長期的な負荷がかかり、心不全に至る可能性が高まります。実際、病前のストレスとの関連は不明ながらも、慢性心不全の患者では交感神経機能の慢性的な亢進が見られることが知られています。

3）冠動脈疾患（狭心症、心筋梗塞）

前述したように高血圧症に伴う動脈硬化症によって心臓を取りまく血管（冠動脈）に硬化が起こると、心臓への血流が低下し、酸素供給が滞ります[23]。これは強い胸痛や胸部の圧迫感などをもたらします。一過性の虚血であれば狭心症、心筋が酸欠で壊死するほどの虚血であれば心筋梗塞と呼ばれます。これらは慢性的な血管壁の変化によって生じるものですが、それとは機序が異なる狭心症もあります。

強いストレスがかかることで、冠動脈が痙攣を起こし、一時的に心臓が虚血状態に陥る場合があります。これを冠攣縮性狭心症と呼びます。症状がないタイミングで冠動脈の血流や心電図を調べても異常が見つからない場合がありますが、症状が生じているタイミングでは心電図の変化など検査で異常が見られます。ただ、冠動脈の微細な分枝で同様の症状が生じた場合は、有症状時でも検査で異常が見られないことがあります。以前は検査で異常がないのに胸痛を訴える病態を、心因性疾患の一種である心臓神経症と呼んでいましたが、近年はこのような微小血管の痙攣による微小血管狭心症が、ストレスによって引き起こされることが明らかになりつつあります[24]。

●体温調節の障害（機能性高体温症）

ヒトの体温は間脳の視床下部にある体温調節中枢で制御されています。われわれの体温はほぼ一定の値に保たれるように、この部位の働きによって適度な熱産生が行われます。常時の熱産生は主に、体内にある褐色脂肪細胞が脂肪を燃焼させることで行われています。この褐色脂肪細胞での熱産生は交感神経によって制御されています。つまり、交感神経の働きが亢進すると熱産生が亢進し、体温が上昇するのです。

これは感染症に罹患した際の体温上昇でも見られる仕組みで、感染症の場合は炎症誘発物質であるサイトカインが放出されることで体温調節中枢の働きが亢進し、交感神経を通じて褐色脂肪細胞を活性化する仕組みとなっています。

一方、ストレスを感じた際も交感神経が亢進して体温上昇が見られますが、サイトカインを介さず、直接体温調節中枢に働きかけます[25)]。そのため、炎症物質を抑える解熱鎮痛薬の効果が見られないのが一般的です。

また、高体温が長期化することで、体温調節中枢のセットポイント（通常の体温設定）が変化することがあります。風邪をこじらせて長期化した後、しばらく微熱が続くような状況がありますが、これもセットポイントの上昇によるものです。慢性的な緊張と、それに伴う心理的ストレスで高体温が持続すると、セットポイント自体が上昇し、それが原因で常に体温が高い状態となる機能性高体温症という病態に移行する場合があるのです。

なお、サイトカインは熱産生だけでなく、身体を休息させるために行動抑制、食思不振、睡眠なども誘導しますが、機能性高体温症ではこれらは生じないため体温の割に元気に見え、仮病を疑われることもしばしばあります。とはいえ、体温の上昇に伴い基礎代謝も上昇し、また皮膚や呼気からの水分の喪失も増加するため、長期化した高体温は慢性的な倦怠感の一因となりえます。

● そのほかの症状

アレルギー症状

ストレスの持続を原因とした交感神経系の亢進によるノルアドレナリンの増加や HPA 軸の亢進によるコルチゾールの増加の影響で、体内のサイトカイン産生バランスが変化し、免疫を司るヘルパーT 細胞のうち Th1 が減少し、Th2 が増加することが知られています[26]。Th2 はアレルギー反応に関連する細胞であり、ストレスに伴って喘息、アトピー性皮膚炎などアレルギー性疾患が増悪する要因となっています。

発汗（手掌多汗症）

発汗は、皮膚表面の汗腺に交感神経から分泌されたアセチルコリンが作用することで起こります。緊張に伴う交感神経の亢進による発汗は手掌、足底、腋窩に限定されることが多く、その機序は不明ですが、時に手掌の大量発汗が持続する患者がおり、常に手が濡れていることで日常生活に支障をきたす場合があります。

口渇

唾液には、さらさらした漿（しょう）液性とねばつく粘液性の 2 種類が存在します。漿液性唾液は副交感神経によって分泌が刺激され、粘液性唾液は交感神経によって少量が分泌されています。慢性的な緊張によって交感神経が優位な状態が持続すると漿液性唾液の分泌が減少し、口腔内の乾燥とねばつきが症状として現れることがあります。また、唾液量の減少は食べ物の飲み込みづらさの自覚や虫歯の増加の原因にもなります。

なぜその臓器に症状が起こるのか

ここまでは、緊張が持続する状況に置かれることで、さまざまな身体の機能障害とそれによる症状が生じることを説明してきました。それでは、なぜ同様のストレスにさらされたなかでも、人によって症状の現れ方が異なるのでしょうか。この点についてはまだ未解明な点が多く、疾患と遺伝子多型との関連がいくつか報告されていますが一定の見解は得られていません。同じ人でも時期によって現れる症状が変化することがしばしばあり、シンドロームシフトと呼ばれています。また、身体の機能障害に由来する機能性疾患は重複して発生することもよく知られています（**表 1**）[27]。例えば緊張型頭痛、過敏性腸症候群、起立性低血圧を重複して発症している人は珍しくありません。

近年は、これらの機能性疾患を、機能性身体症候群（Functional Somatic

表1　機能性疾患の重複する割合

患者の有する症候群	患者数	別の症候群も有する割合（%）					
		緊張型頭痛	非心臓性胸痛	線維筋痛症	過敏性腸症候群	慢性疲労症候群	慢性骨盤痛
緊張型頭痛	99		24	34	28	22	18
非心臓性胸痛	96	25		21	16	12	9
線維筋痛症	80	42	25		29	20	23
過敏性腸症候群	55	50	27	43		26	27
慢性疲労症候群	45	49	26	36	32		13
慢性骨盤痛	34	51	25	53	44	17	

（文献27より引用）

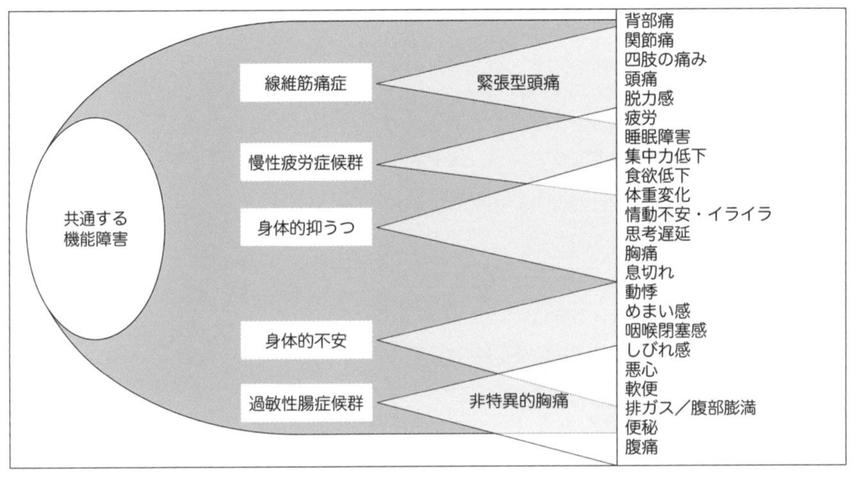

図7　機能性身体症候群の概念図

（文献29より引用）

Syndrome；FSS）という名称でひとまとめにする概念が提唱されています[28)]。これまでは症状の部位・性状などで疾患名を分類していましたが、症状の背景には同一の機序が存在し、症状としての表現型が異なるだけという視点です（図7）[29)]。この概念は、まだ十分には整理されていない現状がありますが、一つの疾患群として捉えることで、これまでとは異なる治療のアプローチが進んでいくのではないかと期待されています。

3ケースから読み解くポイント

- 「はじめに」の3つのケースの症状について、本項で述べた心理的ストレスによる身体機能障害、中枢性感作という面からみてみます。ケース1では、Aの神経質な性格を背景として、肺がんの再発による心理的ストレスが慢性的緊張を生み、筋緊張に伴う頸部筋や呼吸筋群の運動障害を引き起こしていると考えられます。息苦しさだけでなく、術後3年が経過してから手術部位の疼痛が増強してきたというAの訴えからは、身体感覚への注意の固着や過敏性の上昇が示唆されます。また、本症例では肺気腫による軽度呼吸障害が、息苦しさの自覚を修飾している側面もあるでしょう。
- ケース2ではBの生育歴や家族関係の影響で、幼少期から緊張感が強い状態が持続し、それに伴う緊張型頭痛を以前から持っていたと考えられます。大学への入学を契機に、環境の変化に伴う心理的ストレスが増加したことが緊張型頭痛の増悪を招いていると考えられます。
- ケース3では母親Dに完璧主義傾向の性格があり、一人で育児を遂行しなければならないといった責任を感じ続けるという心理的ストレスを抱えており、子育てがうまくいかないことでストレスが増大し、腹痛や下痢といった過敏性腸症候群をうかがわせる症状が出現するようになったと考えられます。火照り、発汗についても、年齢面を考慮して更年期障害の症状が重なってきている可能性はありますが、それよりは自律神経障害と身体感覚への過敏性上昇による自覚症状と考えて対応した方がよさそうです。

※それぞれのケースにおける心理的ストレスを生み出す環境要因などの準備因子の分析や、症状の持続に関連する因子の解説は他項を参照ください。

引用・参考文献

1) 松村明監修. “緊張”. デジタル大辞泉. 東京, 小学館, 2022.
2) 鈴木郁子. やさしい自律神経生理学：命を支える仕組み. 東京, 中外医学社, 2015, 248p.
3) Nakao, M. et al. Clinical application of somatosensory amplification in psychosomatic medicine. BioPsychoSocial Medicine. 1 (1), 2007, 17.
4) 仙波恵美子. ストレスにより痛みが増強する脳メカニズム. 日本緩和医療薬学雑誌. 3 (3), 2010, 73 84.
5) Woolf, CJ. Central sensitization：implications for the diagnosis and treatment of pain. Pain. 152 (3 Suppl), 2011, S2-15.
6) Latremoliere, A. et al. Central sensitization：a generator of pain hypersensitivity by central neural plasticity. J Pain. 10 (9), 2009, 895-926.
7) Liston, C. et al. Psychosocial stress reversibly disrupts prefrontal processing and attentional control. Proc Natl Acad Sci USA. 106 (3), 2009, 912-7.
8) 大道裕介ほか. 痛みの病態生理学. 理学療法. 23 (1), 2006, 13-22.
9) 嵩下敏文ほか. 慢性疼痛症候群の行動変容療法. 理学療法. 28 (6), 2011, 788-95.
10) Hong, CZ. et al. Pathophysiologic and electrophysiologic mechanisms of myofascial trigger points. Arch Phys Med Rehabil. 79 (7), 1998, 863-72.
11) Seamonds, B. et al. Determination of ionized calcium in serum by use of an lon-selective electrode. I. Determination of normal values under physiologic conditions, with comments on the effects of food ingestion and hyperventilation. Clin Chem. 18 (2), 1972, 155-60.
12) F・H・ネッター. ネッター解剖学アトラス. 原書第6版. 相磯貞和訳. 東京, 南江堂, 2016, 620p.
13) 坂井建雄ほか監訳. プロメテウス解剖学アトラス：頭頸部／神経解剖. 第3版. 東京, 医学書院, 2019, 610p.
14) Furness, JB. The Enteric Nervous System. Oxford, Blackwell Publishing, 2006, 288p.
15) 日本消化器病学会編. 胃食道逆流症（GERD）診療ガイドライン 2021. 改訂第3版. 東京, 南江堂, 2021, 178p.
16) Kindt, S. et al. Impaired gastric accommodation and its role in dyspepsia. Gut. 55 (12), 2006, 1685-91.
17) 荻原達雄ほか. ストレスと潰瘍. 日本内科学会雑誌. 84 (6), 1995, 868-72.
18) Wald, A. Constipation：Advances in Diagnosis and Treatment. JAMA. 315 (2), 2016, 185-91.
19) 久住武. 身体的アプローチ：体性痛と内臓痛. 心身健康科学. 4 (1), 2008, 10-7.
20) 日本消化器病学会編. 機能性消化管疾患診療ガイドライン 2020：過敏性腸症候群（IBS）. 改訂第2版. 東京, 南江堂, 2020, 132p.
21) 堀原一. 血圧, 心拍数, 心機能および血液量の調節. 計測と制御. 15 (11), 1976, 863-9.
22) 井上博. 自律神経と循環器疾患. 日本内科学会雑誌. 85 (3), 1996, 428-31.
23) Henry, JP. Mechanisms by which stress can lead to coronary heart disease. Postgrad Med J. 62 (729), 1986, 687-93.
24) Shimokawa, H. et al. Clinical characteristics and prognosis of patients with microvascular angina：an international and prospective cohort study by the Coronary Vasomotor Disorders International Study (COVADIS) Group. Eur Heart J. 42 (44), 2021, 4592-600.
25) 中村和弘. ストレス性体温上昇の神経機序：感染性発熱との比較から. 心身医学. 60 (3), 2020, 203-9.
26) 仙波恵美子. アレルギー疾患の難治化に関与する心因ストレスと免疫応答. アレルギーの臨床. 23 (4), 2003, 283-8.
27) Christopher Burton. “はじめに”. 不定愁訴の ABC. Christopher Burton 編. 竹本毅訳. 東京, 日経 BP, 2014, 4.
28) Barsky, AJ. et al. Functional somatic syndromes. Ann Intern Med. 130 (11), 1999, 910-21.
29) Alexandra Rolfe ほか. “1次および2次医療における疫学と影響”. 前掲書 27). 14.

（友田俊介）

2 緊張に伴う認知的・心理的反応

この項目では緊張が私たちの思考や判断に及ぼすさまざまな影響について触れていきます。BPS モデルでいうと、Bio や Psycho による緊張がほかのPsycho に影響を与えるというつながりをみていきます。緊張状態がもたらす、知覚や思考などの認知的な影響を紹介するとともに、緊張状態が存在する意義について触れ、緊張状態とどう向き合っていくべきかを概説します。

視野への影響と誤認―凶器注目効果

緊張によって生じる影響のなかでも比較的自覚しやすいのは注意力、特に視野への影響です。緊張によって視界にある特定のものに注意が引きつけられると、周辺の情報を見落としやすくなります。私たちは緊急の危機的状況に陥ると、その危機の原因と考えられるもの（例えば凶器）に注目し、注意がその一点に絞られてしまいます。これは「凶器注目効果」と呼ばれています。例えば、刃物を持った強盗がやって来た場合には、犯人が持つ刃物に注意が向けられ、それ以外の情報はおろそかになります。犯人を追う手がかりを得るには体格や服装、顔つきなどの情報が必要ですが、被害に遭うかもしれない立場では、まず自分の身を守るために刃物がどこに向けられるかという情報の優先度が高くなるのは仕方がありません。そのため、コンビニエンスストアのドアには、色付きの身長計のような目盛りが添えられていることがあります（**図1**）。これにより、緊張しているなかでも犯人の身長を把握しやすくすることが期待できます。

危機的状況や強い緊張状態にあると、特定の情報にばかり目を向けてしまうだけでなく、目を向けていない側面への誤認にもつながります。ここでデモンストレーションをしてみましょう。まずは**図2**[1]の縁の部分に注目して

図1　コンビニエンスストアで見かける身長の目盛り

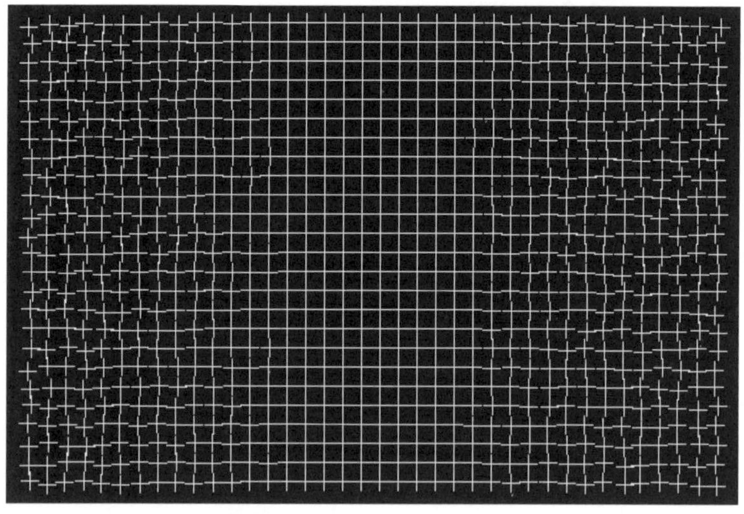

図2　Healing Grid（修復する格子）

（文献1より引用）

ください。ところどころちぎれ、ゆがんでいるのがわかるはずです。その後、中央部分のみに集中して、しばらく注目してみてください。ゆがんでいた周辺部が整った格子に見えてくるのではないでしょうか？ 私たちの脳は視野すべてを隅々まで正確に捉えているのではなく、見えている情報をもとに、見えていない部分を自分なりに補って捉えます。周辺はよく見えていないけど、見えている範囲がきれいなパターンで見えているから、その周辺も同じパターンなのだろう、と思い込んで見てしまうのです。

これについて本書で例示される ケース2 の19歳大学生Bの事例について関連付けてみましょう。Bは交際中のCとの間で、一方的に管理されるかのような緊張感のある関係性が生じています。行動を監視、制限され、客観的に見ればもはやデートDVの様相を呈しています。しかし、BはそれでもCのポジティブな面に目を向けて自分を責めるような回答をしています。献身的な姿にも見えますが、時折見せる優しい様子にしか注意が向いておらず、自身の置かれている状況が冷静に見直せていないといえるでしょう。そうなると、目を向けていない側面などはゆがめて認知し、記憶されてしまう恐れもあります。

運動行為への影響—ゾーンとフロー体験

緊張は知覚だけでなく、運動やささいな行為にも影響が及ぶことは想像に難くないでしょう。緊張すれば、呼吸の速さや深さ、手足や声の震えといった自覚しやすく観察しやすいものから、心拍数や体温の上昇、発汗といった外部からは気付かれにくいものまで、さまざまな身体的変化が起こります。こうした緊張とその身体的変化のなかで最大限のパフォーマンスを発揮しなくてはならないのがトップアスリートや音楽家などのパフォーマーです。こうした専門家に限らずとも、同様の状況は私たちにもありうる話です。

私たちの普段の動作は、いちいち各部位や関節の向きや角度を考えながら動かしてはいません。そのほとんどは無意識のうちに実行されるはずです。そうでなければ日常の動作をスムーズにはこなせませんし、ましてスポーツや音楽演奏の場面では考えてから動くのでは間に合いません。多くのパフォーマーは練習のなかで、高度な身体技術を、考えなくても動くレベルにまで身体に覚えさせて本番に臨みます。もしこうした場面で緊張感にとらわれてしまうと、普段意識していなかった自己の身体状態、例えば一部の身体動作のぎこちなさに注意が向いてしまい、かえって練習通りの動きが実行できなくなってしまいます。

緊張は過度に感じれば妨害的に働きますが、適度な緊張であればパフォーマンスを高める場合もあります。「フロー体験」[2)]、あるいは世間で「ゾーン」と呼ばれる状態です。日本語でも「忘我の境地」という言い方で表現されますが、時間や周囲の存在を忘れて作業や行為に没頭し、高いパフォーマンスを維持する状態を指します。フロー体験自体が主観的な体験で、客観的な測定が困難なことから、心理学や神経科学的な研究は発展途上の段階にあります。しかし、チクセントミハイ（M. Csikszentmihalyi）による一連の研究では、フロー体験の要件として、①適度に挑戦的な課題に臨んでいることと、②その課題に極度に集中していること、その結果、③時間感覚が変容し、④周囲の状況が見えなくなるほどの深い没入感と、⑤大きな快感情が生じることを指摘しています。過度に緊張すれば、②の集中や④の没入感を妨げてしまいますが、過度に気が緩むような状況では、①の適度な挑戦的課題に臨む姿勢に入ることができません。適度な緊張感とそれを忘れるような深い集中と没入感が両立することで、高いパフォーマンスが発揮されるのです。

ここまでは高いパフォーマンスを発揮する場合の緊張とリラックスのバランスについて触れましたが、労働場面や作業においても緊張のバランスは重要です。危険を伴う作業、例えば高所作業や重機の操作などでは、過度にリラックスしていれば油断して事故の兆候を見逃し、必要な作業手順を見落とす危険が伴います。逆に過度な緊張に襲われた場合はいわゆるパニック状態となって、やはり重要な情報や手順に気付かず見落とす危険が生じます。『安全人間工学』を著した橋本[3)]によると、作業時の注意の状態は５段階に分類され、作業時の人間はこれらの状態を体調や作業内容に応じて推移していくことを説明しています（**表１**）。

表1　橋本による意識レベルの段階分け

フェーズ	注意の状態	特徴
フェーズ0	睡眠、失神	覚醒しておらず、気絶と同じ状態
フェーズ1	疲労、居眠り	意識もうろうとし、注意散漫でミスが生じやすい
フェーズ2	安静、リラックス	リラックスしているが、見落としのリスクがある
フェーズ3	集中、明晰	高い集中・没入度で作業している
フェーズ4	過緊張、パニック	冷静さを欠き、注意の範囲が狭くなる

（文献3を参考に作成）

対人認知への影響―透明性錯覚

今度は対人場面に見られる緊張の影響について触れていきます。他者とのコミュニケーションには緊張が伴うことも少なくありません。特に初対面の相手や、大人数を前にした対話ともなると多くの人は緊張するものです。本書で例示される ケース2 の人前で発表することが苦手なBなどはその一例といえます。こうした緊張は、自分の発したメッセージが相手にどう受け取られているかという、コミュニケーションの把握にも影響を及ぼします。

社会心理学の知見では、私たちは多くの場面において自分の意図や心情が対話する相手に伝わる（あるいは漏えいする）見込みを過大に評価することが知られており、これは「透明性錯覚」と呼ばれています[4]。例えば、トランプのババ抜きで相手にジョーカーを引かせたいのに、その札の位置が相手に悟られているのではないかと思ったり、SNS上で匿名かつ間接的に書いた愚痴や悪口が関係者にばれていると考えたり、手紙やレポートで自分の説明が読み手に十分伝わると考えることも透明性錯覚に該当します。

こうした透明性錯覚について遠藤[5]は、大人数を前にした自己紹介の場面を題材とした実験を行い、人前で緊張しやすい傾向の人は、自身の緊張が周囲に悟られている見込みをより過大評価することを報告しています。この傾向は対人不安特性の強い人でも見られます。また、高濱[6]は、「授業中のプレゼンテーション」や「就職採用試験での面接」など、さまざまな緊張度の状況を想定して透明性錯覚の効果（自身の考えが悟られているという確信度）を測定しました。その結果、学業などの身近で緊張度の低いシチュエーションでは緊張度の自覚や透明性錯覚の確信度が低い一方、就職活動などの緊張度の高い状況では緊張度の自覚が高く、透明性錯覚の確信度も高いことが明らかになりました。

いずれにせよ、周りには緊張しているように見えていないのに、当人は緊張している自分を自覚し、それが周りにも知られていると思い込んでしまうのです。本書の ケース2 に登場するBは、交際中のCともコミュニケーションの難しさを抱えていました。BはCとの間で生じる透明性錯覚により、相手に後ろめたいと感じること（例えばC以外の友人と出かけること）を見透かされていると過度に感じるとともに、そのことがCから常に管理されているという窮屈さと緊張を生み出してしまう可能性があります。

緊張とその原因の解釈—シャクター・シンガー説

コミュニケーションの場面でもう一つ取り上げたいのは、情動の発生についてです。一般に私たちを動かすさまざまな情動とそれに伴って表出される反応は、情動が先にあってそれに続いて表情や涙、笑いなどの観察可能な反応が現れると思われがちです。しかし、心理学では涙や表情、緊張も含めた身体状態の変化を脳が解釈した結果として情動が現れる、という説も支持されています。これはシャクター・シンガー説と呼ばれています。

シャクター（S. Schachter）ら[7]は、投薬による身体状態の変化を用いた実験を行いました。実験ではまず全参加者に心拍数や血圧の上昇、身体の震えなどの効果が現れるアドレナリンを投薬しました。投薬後、参加者は2群に分けられ、一方の群には薬の効果が説明され、もう一方の群には説明が行われませんでした。その後、各群の参加者はそれぞれ別室で待機していましたが、薬の説明を受けなかった群は、同じ部屋にいた人の感情につられて変化しました。同室に憤っている人がいれば、自身の身体状態は怒りによるものだと考え、楽しそうにしている人がいれば、歓喜によるものだと解釈したのです。一方、薬の説明を受けた群はそのような結果にはなりませんでした。身体状態の変化が薬の効果だと自覚しているからです。このことは、緊張状態の原因をどう認識するかによって、その後の情動や行動が変わることを示唆しています。この説にのっとれば、仮にアドレナリンの説明を受けなかった参加者のそばに緊張している人がいれば、参加者は、緊張して震え、心拍数が増えたのだと解釈するでしょう。

緊張は私たちの思考に何をもたらすのか

この項目では緊張が認知、思考に及ぼす影響を紹介しました。凶器注目効果や運動行為の例では、緊張により注意の焦点が狭くなり、見落としが生じやすくなることを取り上げました。ただし、適度な緊張感は油断を防止し、高い集中力と忘我の境地に至る土台にもなります。また、透明性錯覚を例に、緊張によって自身の思考が悟られる見込みを高く見積もりやすくなること、緊張は身体状態の解釈によって生じるというシャクター・シンガー説にも触れました。

こうした緊張を取り巻く諸現象は、人間にとっての欠陥ではないと考えられています。凶器注目効果のように、緊張によって自身に向けられた危険に注意を向けることは、生きていくうえでは有用です。透明性錯覚が緊張によって強まるのも、他者との慎重な取り引きを促す意味では大事なことでしょう。緊張もまた人間に備わった適応的な機能と捉え、「緊張する自分」を否定せず、緊張している自覚も含めた客観的な状況の把握ができるようになれば、緊張を味方につけた思考・行動が取れるようになると考えられます。

3 ケースから読み解くポイント

- 緊張は注意を焦点化させます。
- 注意の焦点化はその場の最優先の情報に注目させますが、周辺情報の見落としも招きます。
- 過度な緊張は禁物ですが、適度な緊張は油断を防ぎ、高い集中力にもつながります。
- 緊張によって「他人から自身の思考が悟られている感じ」が過大評価されます。しかし、それも必ずしも悪いことではなく、慎重な交渉を促す意味では適応的です。
- 身体状態をどう解釈するか次第で緊張のあり方も変わります。

引用・参考文献

1) Kanai, R. Healing Grid. 2005. http://illusionoftheyear.com/2005/08/healing-grid/（2023.1.28閲覧）
2) Csikszentmihalyi, M. Finding Flow：The Psychology of Engagement With Everyday Life. New York, Basic Books, 1998, 181p.
3) 橋本邦衛. 安全人間工学. 第4版. 東京, 中央労働災害防止協会, 2004, 240p.
4) Gilovich, T. et al. The illusion of transparency：biased assessments of others' ability to read one's emotional states. J Pers Soc Psychol. 75（2）, 1998, 332-46.
5) 遠藤由美. 自己紹介場面での緊張と透明性錯覚. 実験社会心理学研究. 46（1）, 2007, 54-62.
6) 高濱祥子. 緊張場面における透明性錯覚における内受容感覚の気づきの影響. 日本認知心理学会論文集（オンライン大会資料）. 2022, P2-C07.
7) Schachter, S. et al. Cognitive, social, and physiological determinants of emotional state. Psychol Rev. 69（5）, 1962, 379-99.
8) Cutler, BL. et al. The reliability of eyewitness identification：The role of system and estimator variables. Law Hum Behav. 11（3）, 1987, 233-58.

（阿部慶賀）

3 関係性における緊張

人は生まれたときから何らかの関係性のなかで生活をしていきます。親や恋人のような非常に親密な人であっても、電車の中でたまたま乗り合わせた一度きりでわずかな時間しか関わらない人であっても、自分とは違う他者との関係では、多少なりとも緊張が生じることがあります。ここでは、親子関係、友人関係、恋愛・夫婦関係という親密な関係性のなかで起こりうる緊張について説明します。

親子関係に見られる緊張ーしつけと虐待

親子関係は人が最初につくる関係性であり、多くの人は血のつながった父親と母親の間で愛情を持って育てられます。しかし、どんなに愛情があっても、あるいは愛情があるからこそ緊張が生じることがあります。

親はこれから生まれてくる自分の子どもに対して、「健康に育ってほしい」「優しい子になってほしい」など、何らかの期待を持ちます。実際に子どもが生まれてきた後もそのような期待は持ち続けますが、それ以上に、目の前にさまざまな問題が生じてきます。乳児であれば「母乳をちゃんと飲んでほしい」「早く寝てほしい」などであり、幼児期になれば「ちゃんとトイレで用を足せるようになってほしい」「一人で着替えができるようになってほしい」などを期待します。単に「健康に育ってほしい」などという漠然とした期待はどこかにいって、より具体的で現実的なことができるようになってほしいという期待に置き換わります。そして、親は子どもを見るたびに、「○○しなさい」「××しては駄目」などと子どもの行動を統制するようになります。これがしつけです。しつけは主に親（養育者）のような外的な存在によって行われる子どもの行動のコントロールのことであり、多くは社会のルー

表1　児童虐待の種類と具体的な行為の例

身体的虐待	殴る、蹴る、たたく、投げ落とす、激しく揺さぶる、やけどを負わせる、溺れさせる、首を絞める、縄などにより一室に拘束する　など
心理的虐待	言葉による脅し、無視、きょうだい間での差別的扱い、子どもの目の前で家族に対して暴力を振るう（面前DV）、きょうだいに虐待行為を行う　など
性的虐待	子どもへの性的行為、性的行為を見せる、性器を触るまたは触らせる、ポルノグラフィの被写体にする　など
育児放棄（ネグレクト）	家に閉じ込める、食事を与えない、ひどく不潔にする、自動車の中に放置する、重い病気になっても病院に連れて行かない　など

ルや常識に基づき、社会に受け入れられるために行われます。親は"子どものために""子どもの将来のために"といって、子どもに親の期待や要求を実行するように求めます。

しかし、そのような親の期待や要求に対して子どもが常に応えられるわけではありません。うまくできないこともあれば、親に言われても（あえて）やらないこともあります。そのようなとき、親は子どもにその期待や要求を実行する必要性を説き、なだめたりすかしたり、励ましたりしながら、子どもが実行するように促します。しかし、すべての親がそのようにできるとは限りません。なだめたり励ましたりすることができず、親の期待や要求通りに行動できなかった罰として身体的な暴力や暴言を与えることもあるでしょう。また、そもそも親の期待や要求が過剰であったり、子どもの発達段階に合っていなかったり、社会通念的に不適切なものであったりする場合もあります。このような行為は児童虐待と呼ばれ、現在に至るまで長く問題視されています。

児童虐待の防止等に関する法律（児童虐待防止法）では、児童虐待を4種類に分類しています（**表1**）。また近年では、子どもの思いや能力を超えて勉強させる「教育虐待」という現象も指摘されています。どのような虐待であっても、その根底であるのは"子どものため"ではなく"親のため、親の期待や要求を実現するため"という親本位の思いです。

児童虐待や、児童虐待に至らないまでも過剰な期待や過度な叱責などにさらされた子どもは、親の一挙手一投足にびくびくとおびえ、自分の行動が親の期待・要求に応えられているか、親の機嫌を損ねていないかと不安に感じ、そして無力感や罪悪感などを抱き、自信を失っていくことになります。なかには、愛着障害（反応性アタッチメント障害、脱抑制型対人交流障害）や PTSD（Post-Traumatic Stress Disorder：心的外傷後ストレス障害)、解離、うつ病など精神疾患に至る子どももいます。

親が“子どものために”と思って行っている言動（しつけ）の背景に、過度な期待や不適切な要求、過剰な叱責などがないかを見ていく必要があります。また、近年では児童虐待に対する世間の目が厳しくなっており、「自分が子どもにしていることは虐待なのではないか」「周りの人から虐待していると思われるのではないか」と虐待不安を抱き、本来行うべきしつけに躊躇(ちゅうちょ)する親もいます。そのような不安を抱いている親は子どもとの関わりに緊張を感じているといえ、親の気持ちに寄り添うことも必要となります。

友人関係に見られる緊張―ヤマアラシ・ジレンマ

友人関係はどの年代においても親密な対人関係の一つであり、情報収集やおしゃべり、遊びなどによるストレス発散・低減、具体的な助言・援助、似たような立場・境遇だからこその共感など、重要な援助資源となる存在です。特に、自分なりの価値観が確立しておらず心理的にも不安定な状態になりやすい青年期（おおむね 10 歳代～20 歳代半ばごろ）においては、友人は親以上に重要な存在となり、親にも話せないような悩みを打ち明け合うことで内緒や秘密を共有し、一緒に過ごす時間も長くなっていきます。

そのような青年期の友人関係については、1990 年代前後から「希薄化した」と指摘されることが増えました（岡田[1]など)。互いに本音を言わず、傷付けたり傷付けられたりしないように気を遣い、その場のノリで表面的な付き合い方をするようになったというものです。岡田[1]は青年の友人関係のパターンを、傷付け合うことを避け、円滑で楽しい関係を求める「群れ志向群」、他人との対面的な関係を避け自分の殻にこもる「関係回避群」、互いの内面的な気持ちをさらけ出し合う「個別関係群」の３つに分けています。

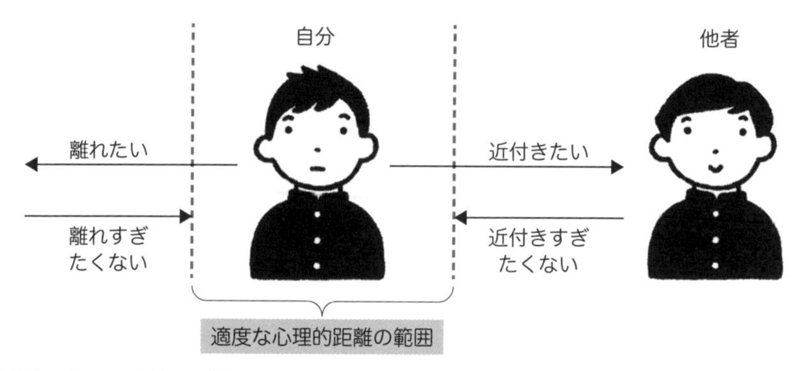

図1　ヤマアラシ・ジレンマ

このうち1990年代から指摘されてきた友人関係は「群れ志向群」に該当します。岡田[1]によると、対象者の42.3%（744名のうちの315名）が「群れ志向群」に分類され、3つのパターンのなかで最も多いことが明らかとなりました。それだけ多くの青年が、本音を言わず、傷付けたり傷付けられたりしないよう気を遣いながら友人と付き合っているのだと考えられます。

傷付けたり傷付けられたりしないような友人関係を構築するうえで重要となるのが、友人との心理的距離です。いきなり自分の価値観や悩みなど深い話をすると友人に嫌われ、距離を取られます。相手の良くないところを批判したり、気にしていることを指摘したりすると、友人は傷付き、離れていってしまいます。自分も同様に深い話をされると距離を取り、批判や指摘をされると傷付きます。しかし、友人とは親しくなりたいという思いもあり、そのような話や批判・指摘を避けてばかりいると、なかなか友人とは親密になることができません。そのため、青年（特に群れ志向群の青年）は、どこまでだったら言っても相手は傷付かないのか、どこまでだったら言われても自分は大丈夫なのかと考えながら、互いが傷付かずに済むような距離を模索することになります。

このように友人が互いに離れすぎず近付きすぎない適度な心理的距離を模索し、またその距離を維持することをヤマアラシ・ジレンマと呼びます[2]（**図1**）。友人関係におけるヤマアラシ・ジレンマでは、「近付きたいが（自分にとって適度な距離以上に）近付きすぎたくない」という思いと、「離れたいが離れすぎたくない」という葛藤が、自己内でも友人間でも生じています。

互いにとって適度な心理的距離が決まってしまえば、その距離に見合った行動をすればよいので、それほど緊張は生じません。むしろ、そのような適度な心理的距離を測らなければならない関係構築の時期や、関係がある程度の期間継続し、もう少し親密になりたいという思いが生まれてきたときほど緊張は生じるものです。かつて語尾に「～みたいな」を付ける表現が若者の間で流行りました。最近では「知らんけど」という言葉が用いられています。これらの表現は、自分の意見を明確に言ったり相手を直接的に批判したりすると相手に近付きすぎたり相手から嫌われたりするかもしれないため、自分の意見などをぼかして伝えることで、相手がどの程度受け入れてくれるのかを試みる表現であると考えられます。また、空気を読んで自分の意見を押し隠したり相手の言動に合わせたりするのも、適度な心理的距離を測り、また維持するために必要なスキルであるといえます。

友人関係は誰もが当たり前のように持っている関係だと思われています。しかし、実際に友人関係をつくり、維持するのは簡単ではありませんし、誰も友だちのつくり方を教えてくれません。そのなかで特に青年は、自分は友人を傷付けたくないし傷付けられたくもないという緊張感を持って、さまざまなスキルを要して、適度な心理的距離を模索しながら友人関係を構築・維持していることを理解する必要があるのです。

恋愛関係・夫婦関係に見られる緊張ードメスティック・バイオレンス（DV）

青年期になると多くの青年は恋愛に関心を持つようになり、実際に恋愛関係を構築する者も出てきます。そして、30歳前後になると結婚をする者も増えていきます。恋愛関係や夫婦関係は、その多くが異性との間で構築されるものです。同性と構築されることが比較的多い友人関係や、生まれたときから共に生活することが多い親子関係と比べ、相手のことを十分に理解する

表2　DVの種類

身体的暴力	殴る、蹴る、たたく、腕をつかむ・ひねる、髪を引っ張る、物を投げつける、刃物などを突きつける　など
精神的暴力	大声で怒鳴る、ばかにする、交友関係を制限する、無視する、行動を監視・制限する、メールなどをチェックする　など
経済的圧迫	デート費用をまったく払わない、借りたお金を返さない、外で働かせない・仕事を辞めさせる、生活費を渡さない、貯金を勝手に使う　など
性的強要	性行為を強要する、避妊に協力しない、見たくないポルノビデオなどを見せる、嫌がっているのに裸などを撮影する、中絶を強要する　など

ことは容易ではありません。さらに夫婦関係においては、そこに社会的責任や義務が発生します。また、人は一度自分の意思で受け入れたものを撤回することに抵抗を感じやすいため、恋人や配偶者がどんなに好ましくない行動を取ったとしても、なかなか別れは選択できません。

そのような好ましくない行動の一つとして、ドメスティック・バイオレンス（Domestic Violence；DV）あるいは親密な関係におけるパートナー間暴力（Intimate Partner Violence；IPV）があります（以下、恋愛関係・夫婦関係を問わずパートナー間で行われる暴力としてDVと表記します）。

DVとは、「配偶者や恋人など親密な関係にある、またはあった者から振るわれる暴力」[3]のことで、身体的暴力、精神的暴力（行動の制約を含む）、経済的圧迫、性的強要に分けられます（**表2**）。これらの暴力は被害者を孤立・無力化させ、支配―被支配関係に置くために用いられます。そのため、被害者は逃げることも助けを求めることもせずに、甘んじて加害者からの暴力を受け続けることになります。

DVは一般的に、①緊張期、②爆発期、③ハネムーン期という3つのステージから成るサイクルで生じるとされています（**図2**）。

①緊張期とは、ストレスなどによってイライラが蓄積されていく時期です。最初のころは、お酒やタバコ、趣味などさまざまな方法でイライラを解消することが試みられ、実際にそれらによってイライラが解消されれば暴力は生じません。

しかし、もともとストレス耐性が低かったり、イライラへの対処がうまく

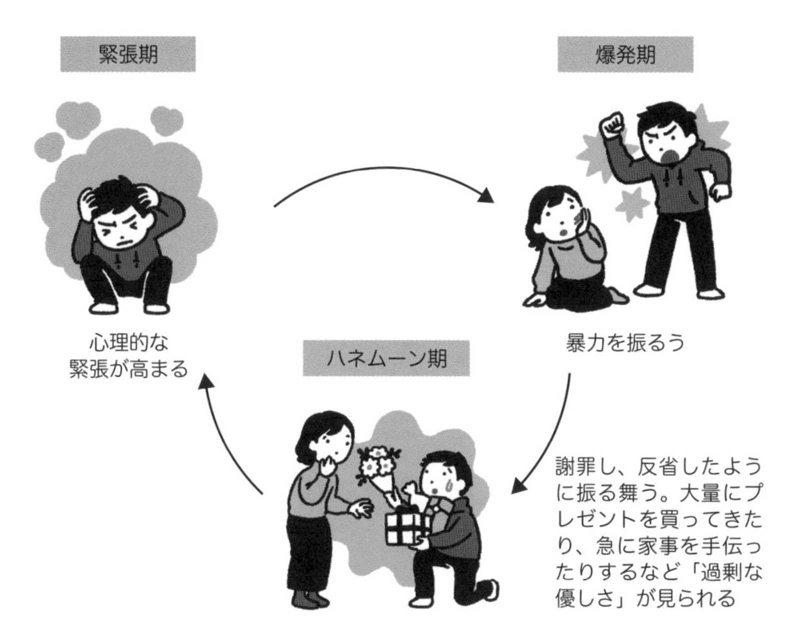

図2　DV のサイクル

いかなかったり、我慢が限界を迎えると、パートナーに暴力を振るうことになります。これが②爆発期です。爆発期ではパートナーに暴力を振るいますが、最初のころは、一度殴るだけだったり、暴言を少し吐いたりする程度でとどまります。そして、自分が暴力を振るったことを謝罪します。

③ハネムーン期では、このように自分の行動を謝罪し、二度と暴力を振るわないことを約束し、過剰なまでにパートナーに優しく接します。これによってパートナーも一度きりの暴力だと思い、相手を許してしまいます。

しかし、環境などが変化しない限り、再びイライラが募る緊張期が訪れます。イライラが蓄積すると、当初のようにお酒などの対処方法が試みられますが、これに効果がないことは経験済みです。そして、パートナーに暴力を振るうことでイライラが解消されることも経験済みです。そのため、次は前回よりもイライラが蓄積する前に暴力を振るう爆発期が訪れます。しかも、暴力の程度も強くなります。もちろんその直後はまた謝罪をするのですが、すぐにイライラ期が訪れ、大した我慢もしないまま暴力を振るうようになります。徐々にイライラする緊張期は短くなり、暴力を振るう爆発期は激しく長期化していきます。以前はその後に行われていた謝罪もなくなり、むしろ暴力が他者にばれないようにより強い行動の制限が行われたり、社会活動・経済活動を抑制したりするようになります。このようなことが繰り返されることで、被害者は逃げることを諦め、無力感を感じ、甘んじて暴力を受け入れ、支配されるようになるのです。

なお、子どもの前で配偶者に対して暴力を振るう行為は面前DVと呼ばれ、現在では心理的虐待の一種とされています。

3 ケースから読み解くポイント

- ケース2の19歳大学生Bは、両親からのしつけが厳しく、人前で怒鳴られることもありました。これは過剰なしつけ（虐待）に当たる可能性があり、それによって両親の顔色をうかがって生活するような緊張状態に置かれるようになり、それが人前での緊張にもつながっていると考えられます。
- Bは、恋人から行動の制限を受けていることから、デートDV状況にあるといえます。「Cは本当は優しい人だ」という思いが、CのデートDVをエスカレートさせているとも考えられます。
- ケース3の母親Dは、発達障害の傾向がある子どもと関わるなかで、自分がしていることは虐待に当たるのではないかという不安を感じており、それが子どもとの関わりのなかで緊張を生んでいると考えられます。

引用・参考文献

1) 岡田努. 現代青年の友人関係と自己像・親友像についての発達的研究. 金沢大学文学部論集：行動科学・哲学篇. 27, 2007, 17-34.
2) 藤井恭子. 青年期の友人関係における山アラシ・ジレンマの分析. 教育心理学研究. 49（2), 2001, 146-55.
3) 中島聡美. ドメスティック・バイオレンス／DV. 2021. https://www.e-healthnet.mhlw.go.jp/information/dictionary/heart/yk-075.html（2023.1.26 閲覧）

（髙坂康雅）

4 精神疾患からみた緊張

精神疾患と緊張

精神疾患は心の「病」であり、心が「正常ではない状態」を指すものです。一方、緊張とはこれまで述べられているように、人間にとって「正常」な反応であり、生きるうえで必要不可欠なものです。しかし、場面にそぐわない過度な緊張は、病気の一症状とみなされたり、病気のサインや予兆であったりします。また、慢性的な緊張状態は心身に負担をかけ、病気の一要因にもなりえます。そのため、緊張はさまざまな精神疾患と関係があるといえます。

では、どのような精神疾患が緊張と関係するのでしょうか。精神疾患には統合失調症や気分障害、適応障害、認知障害などさまざまあります。緊張はいわゆる心身の反応や状態を指すため、これらの病気を持つ人においても生じうるものですが、筆者はそのなかでも特に「不安と恐怖」に関する精神疾患が緊張と結び付いているのではないかと考えています。

不安と恐怖

不安や恐怖という感情は人が自己防衛するために不可欠なものであり、これらはしばしば緊張と結び付いています。

不安とは、例えば「病気になったらどうしよう」「うまく発表できなかったらどうしよう」など、将来起こりうる脅威に対する予感のことです。人は将来起こりうる危険を察知すると筋緊張と覚醒度が高まります。不安が強いと筋肉が緊張し、肩凝りや頭痛のためなかなか眠れないということも起こります。そして、そのようなときは、危険な状況や対象を警戒して、回避行動

表１　不安症群／不安障害群

分離不安症／分離不安障害
選択性緘黙
限局性恐怖症
社交不安症／社交不安障害（社交恐怖）
パニック症／パニック障害
広場恐怖症
全般不安症／全般性不安障害
物質・医薬品誘発性不安症／物質・医薬品誘発性不安障害
他の医学的疾患による不安症／他の医学的疾患による不安障害
他の特定される不安症／他の特定される不安障害
特定不能の不安症／特定不能の不安障害

（文献２を参考に作成）

を取る場合もあります。

恐怖とは、現実あるいは認知された脅威への感情です。例えば「車にひかれそうになった」「屋上から落ちそうになった」「親から叱責された」ときの感情であり、不安よりもはっきりとした外的な対象がある恐れの感情です。恐怖は自律神経系の反応を伴うことが多く、交感神経が優位になります[1)]。心臓がどきどきして目は見開き、身体を巡る血液量は増え、筋肉は活発に活動するといった、いわば闘争―逃走の反応になります。

このように、不安や恐怖という感情は緊張状態をつくり出すものともいえますし、緊張しているときは何らかの不安や恐怖を人が感じている状態であるともいえます。以下では、これらの感情に深く関係する精神疾患について、アメリカ精神医学会による『DSM-5® 精神疾患の診断・統計マニュアル』[2)]（『Diagnostic and Statistical Manual of Mental Disorders, 5th ed〔DSM-5〕』[3)]）をもとに見ていきたいと思います。

●不安症群／不安障害群

不安症群／不安障害群は、恐怖または不安が過剰で持続していることが基本的な特徴です。DSM-5® では、分離不安症／分離不安障害、選択性緘黙、限局性恐怖症、社交不安症／社交不安障害、パニック症／パニック障害、広場恐怖症、全般不安症／全般性不安障害などに分類されています（表1）[2]。これらに共通することは、実際の状況に即して起こる不安に加えて、「またなるのではないか」とおびえる「予期不安」が生活に大きな支障をきたすことです。ここでは、これらのなかから社交不安症／社交不安障害、パニック症／パニック障害、広場恐怖症を取り上げます。

社交不安症／社交不安障害（社交恐怖）

授業での発表や披露宴のスピーチ、発表会での演奏など、人前で何かをしなければならないときに、人は恥をかくことや評価を恐れて緊張します。適度な緊張は、パフォーマンスを高めるという好影響をもたらしますが、過度な緊張はパフォーマンスを低下させて悪影響をもたらします。社交不安症／社交不安障害は、このような対人あるいは社会的状況に対して著しい恐怖や不安が生じ、それにより、手の震え、発汗、赤面、動悸、下痢などの症状や、予期不安から対人・社会的状況の回避行動が見られるものをいいます。対象となる状況は、上述したような人前で何かをする場面だけでなく、雑談や見知らぬ人と会う場面や人と飲食する場面、拒絶されることや迷惑に思われる場面なども含まれます。

パニック症／パニック障害

パニック症／パニック障害は、急性の強い「パニック発作（不安発作）」が特徴です。パニック発作は何の前触れもなしに突然起こります。乗り物や人混みの中、店内、あるいは一人でリラックスしているときなど、場所や状況は問いません。激しい動悸や息苦しさ、身震いや発汗、胸の痛みや吐き気、めまい、悪寒とともに、「このままどうにかなってしまうのではないか」「死んでしまうのではないか」「気がおかしくなってしまうのではないか」といった不安や恐怖などを伴います。

パニック発作は非常につらく苦しいものですが、それによって命を落とすことはなく、1回の発作は数分～数十分で収まります[4]。しかし発作の後、本人はまた発作が起こるのではないかと予期不安を抱きます。あるいは、パニック発作が起こった場所や状況を避けるようになります（回避行動）。

広場恐怖症

広場恐怖症はアゴラフォビア（agoraphobia〔広場：agora＋恐怖：phobia〕）といい、最初の症例報告は、広場に出ると強い恐怖感に襲われたというものでした。現在、恐怖の対象は広場だけに限定されているわけではなく、すぐに逃げられない、助けが来ない場所や状況への恐怖全般を指します。電車やバスなどの交通機関、劇場や映画館などの囲まれた場所、列に並ぶことや群衆の中、一人で家の外にいるといった状況に著しい不安や恐怖を抱き、それによりパニック発作や回避行動などが生じて日常生活に支障をきたしている状態です。ちなみにエレベーターなどの閉鎖空間やビルの屋上などの高所といった、恐怖の対象が限定されている場合は「限局性恐怖症」になります。

不安症群の治療と支援

不安症群の治療には抗うつ薬（選択的セロトニン再取り込み阻害薬〔Selective Serotonin Reuptake Inhibitor；SSRI〕）が最もよく使われます。SSRIはほとんどすべての不安症群に有効で、依存のリスクは少ないとされています[4)]。ベンゾジアゼピン系抗不安薬やその類似薬を併用することもありますが、依存のリスクがあるため注意が必要です。

認知行動療法やそのほかの心理療法などで、自分の感じている不安や恐怖が自分の思い込みだと理解していくことや、例えば、人前でスピーチするのが苦手な場合は、イメージトレーニングから始まり、家族の前で、友人の前で、会議で、と段階的にできることを増やしていくことも一つの支援となります。

パニック発作は、慣れない支援者にとっては重症感が強く、支援場面で生じると焦ってしまいがちです。もし患者がパニック発作を起こした場合は、まず支援者が冷静になることが大事です。患者が過呼吸を伴っている場合には、前かがみに座ってもらい、ゆっくり息を吐かせ、呼吸を整えてもらいましょう。時には患者と一緒に合わせて呼吸をすることも大事です。精神科や心療内科を受診している場合は、医師の指示に従い頓服薬を服用するように促しましょう。

● C群のパーソナリティ障害

パーソナリティ（＝人格）の定義は難しいですが、端的にいうと、その人の物事の捉え方や考え方、行動の癖のようなものが含まれます[1)]。このような癖は誰しもあり、それが個性になるのですが、その癖が「本人の属している文化」から期待されているよりも著しく偏っていると、本人が苦痛を感じ、生きづらくなったり、周りの人々も対応に困ったりします。パーソナリティ障害はA・B・Cの3群に分けられますが（**表2**）[2)]、なかでもC群は「不安と恐怖」が特徴です。ここでは回避性パーソナリティ障害と依存性パーソナリティ障害に触れます。

回避性パーソナリティ障害

自己不全感が強く、周囲の否定的な評価を恐れて、人との交流を避けるのが特徴です。他者からの批判や拒絶、人前で恥をかくことや嘲笑されることが怖くて、緊張し（あるいは緊張する前に）、回避行動を取ります。他者からのちょっとした注意や言動も批判として受け取ることがあり、結果的に引きこもり状態になることもあります。前述の社会不安症も併発しやすく、鑑別が難しい障害です。

依存性パーソナリティ障害

回避性パーソナリティ障害の場合は、人との交流に対して緊張・不安・恐怖を抱きやすいという特徴がありましたが、依存性パーソナリティ障害の場合は、むしろ一人でいることに緊張・不安・恐怖を抱き、他者に依存しようとするところが特徴です。

他者からの分離不安が強く、自分の意見を言えなかったり自分で決められなかったり、責任を取ることに回避的であったりします。そのため、他者に従属的で迎合し、自立を恐れて相手に依存するところがあります。

回避性・依存性パーソナリティ障害の治療と支援

不安症群の治療のように抗不安薬や抗うつ薬を用いる治療もありますが、薬物療法は彼らの症状を低減するものであって、パーソナリティの病理自体に効力を発揮するわけではありません。そのため、精神療法・心理療法も治療の選択肢となります。

表2　パーソナリティ障害群

	群の特徴	診断名	性格の特徴
A群	奇妙で風変わり	猜疑性パーソナリティ障害／妄想性パーソナリティ障害	•他人にばかにされたと気にする •被害意識が強く、一方的に意味付ける •思い込みが強い
		シゾイドパーソナリティ障害／スキゾイドパーソナリティ障害	•無関心、無感動 •他者との交流が少ない •人付き合いを好まず、寂しいと感じない
		統合失調型パーソナリティ障害	•非社交的でマイペース •魔術的な思考がある •風変わりで特異な外見
B群	感情的で気分が動きやすい	反社会性パーソナリティ障害	•社会のルールを無視した態度や無責任な態度 •罪の意識がなく、気にしない •他人を非難する態度
		境界性パーソナリティ障害	•感情が不安定 •空虚感を常に抱いている •自傷行為や自殺企図がある
		演技性パーソナリティ障害	•自分が注目されていないと気が済まない •外見の魅力に執着して利用する •芝居がかった態度やオーバーな表現をする
		自己愛性パーソナリティ障害	•賞賛欲求が強く、自分を特別と思い込んでいる •自分が得をするように振る舞う •共感性がない
C群	不安感や恐怖感が強い	回避性パーソナリティ障害	•常に不安で緊張している •過剰に引っ込み思案 •好かれている確信がないと人と関われない
		依存性パーソナリティ障害	•人に重要事項も決めてもらう •従順に振る舞い、意見を言えない •不安感や無力感に襲われる
		強迫性パーソナリティ障害	•規律や秩序を徹底して守る •完璧主義で細部にこだわる •頑固で融通が利かない

（文献2を参考に作成）

　しかし、回避性パーソナリティ障害の患者は、医師や心理職に対しても批判や拒絶を恐れるため、彼らの過敏性に対して支持的で配慮したアプローチが必要になります。また、依存性パーソナリティ障害の患者は、医師や心理職に対しても自己主張できず、分離不安や自立の恐れを抱くため、治療関係のなかでは彼らの依存性を助長しないように注意することが必要になります。

● そのほかの「不安と恐怖」に関係する精神疾患

「心的外傷後ストレス障害（PTSD）」の症状としての過覚醒症状があります。心臓がばくばくして、落ち着かなくて、感情が高ぶる、じっとしていられないなどの状態であり、これも一種の緊張状態であるといえます。また、心身の緊張状態は睡眠にも影響し、不眠症や睡眠障害につながります。

精神障害の身体症状と心身症の違い

緊張はいわゆる心身の反応や状態のことを指し、私たちは緊張を通して心と身体がつながっていることを実感します。つまり、緊張は私たちにストレス状態であること（あるいは、ストレスになりうる可能性）を心身に伝えてくれる働きをしているのです。しかし、人（状況）によってはこの「緊張」の心身の伝達がうまくいかず、ストレスに気付かないことによって、胃腸障害や頭痛など身体症状を呈して心身症を発症することがあります。一方で、うつ病や適応障害などの精神疾患でも、同じような身体症状を呈する場合がありますが、「身体疾患」である心身症なのか、精神障害に伴う身体症状なのか、区別が難しいケースも少なくなく、心理職は主治医と情報交換しつつアセスメントすることが大切です。

以下では、そのような心身のつながりに関係が深い精神疾患について、DSM-5®の「身体症状症および関連症群」から見ていきたいと思います。

● 身体症状症および関連症群

心身症は身体に何らかの障害（身体疾患）があるもので、「身体症状症および関連症群」は身体の異常の有無は問われず、身体症状の苦痛や不安の強さ、またドクターショッピングなどの異常な行動をとってしまう傾向をもって診断されるものです。

このような患者は、初めに身体的な症状を訴えて内科や婦人科などの身体科を受診しますが、検査をしても身体的原因が特定されず、最終的には精神

表３　身体症状症および関連症群

身体症状症
病気不安症
変換症／転換性障害（機能性神経症状症）
他の医学的疾患に影響する心理的要因
作為症／虚偽性障害
他の特定される身体症状症および関連症
特定不能の身体症状症および関連症

（文献２を参考に作成）

科や心療内科を紹介されます。具体的には、身体症状症、病気不安症、変換症／転換性障害、作為症／虚偽性障害などがあります（**表３**）[2)]。ここでは身体症状症、病気不安症、変換症／転換性障害について説明します。

身体症状症

身体症状があり、それに強くとらわれてしまい日常生活に支障をきたしている状態の疾患です。例えば、腹痛や身体の疼痛を訴え、その症状以上に深刻に考えてしまったり過度に不安になったり、その症状や病気のことに多くの時間を費やしたりします。このような状況が６カ月以上継続している状態です。

病気不安症

病気不安症は、自分は重い病気にかかっているということにとらわれていて、健康に対する強い不安を抱いているのが特徴です。身体症状はない、あるいはあっても軽度であるにもかかわらず、その受け止め方は深刻で不釣り合いです。例えば、感染するようなリスクのある行為を行っていないにもかかわらず、自分はエイズ（Acquired Immuno Deficiency Syndrome；AIDS）なのではないかと心配になって検査を繰り返し受けたり、あるいは主だった症状もないのにがんだと思い込んでいろいろな病院を受診したりします。このように不安になって病院や検査を受ける人もいれば、不安だからこそ医療を避ける人もいます。

変換症／転換性障害（機能性神経症状症）

変換症／転換性障害は、以前は「ヒステリー」と呼ばれた疾患です。変換症／転換性障害では、例えば患者が「腕や脚がまひしている」「触覚、視覚、聴覚が失われた」と訴え、身体診察と検査を何度も行いますが、起こっている症状が身体的な病気に起因するものでないことが確認されます。

身体症状症および関連症群の治療と支援

治療法は確立されていませんが、身体症状症、病気不安症では、うつ病や不安症に準じてSSRIやSNRI（Serotonin Noradrenaline Reuptake Inhibitor：セロトニン・ノルアドレナリン再取り込み阻害薬）が使われることがあります[1)]。身体科の医療者は、患者が症状を訴えても医学的所見が認められないため、有効な手立てがなく、忌避してしまいがちになります。精神科やカウンセリングなどを勧められると、患者によっては身体の病気だと信じて疑わないので、怒りや落胆を抱き、治療関係を悪化させる可能性もあります。そのため、患者の訴えに共感して治療関係を良好に保ちながら、身体科と精神科、心理職などが連携することが必要になります。

緊張病

精神疾患の一つに「緊張病（カタトニア）」という疾患がありますが、この疾患は「人前でどきどきする」「手が震える」という緊張状態とは次元が異なります。近年まで統合失調症の一亜型でしたが、DSM-5®から統合失調症だけでなくさまざまな精神疾患や一般身体疾患で生じうる精神運動障害と認められるようになりました（**表4**）[2)]。例えば、ベッドに横になる・立ち上がるという動作を意味もなく繰り返したり（常同症）、医者が言う言葉をそっくりそのまま繰り返したり（反響言語）、言葉は話せるのに問いかけには答えなかったり（無言症）、医者に腕を動かされて受動的に取らされた奇異な姿勢を1時間近く続けたりする状態のことをいいます（カタレプシー）[5)]。このように「緊張病」という疾患は、いわゆる本書で取り上げている「緊張」とは状態が異なるため、注意して覚えておいてください。

表4　主な緊張病の症状

昏迷	意識障害はないにもかかわらず、精神運動性は低下している。周囲への反応性に乏しく、自発的な行動や活動性が減少している
カタレプシー（強硬症）	筋緊張が高まり、外部から与えられた姿勢を維持し続ける
蝋屈症（ろうくつ）	外部から姿勢を与えられることを無視し、現在の姿勢を維持し続ける
無言症	発声すること自体は可能だが、沈黙して話さない状態
拒絶症	外部からの指示や刺激に対して抵抗し拒否する、または逆のことをする
姿勢保持（常同姿勢）	奇異な姿勢を自発的・能動的に取り、それを維持する
わざとらしさ（衒奇症（げんき））	日常的な動作を奇妙に、大げさに行う
常同症	目的がなく有効でもないことをそのまま何度も繰り返す
興奮	病的な状態から生じる興奮
しかめ面	不快、苦痛などの気持ちを表した顔をする
反響言語	他者の発言をおうむ返しに繰り返す
反響動作	他者の動作をまねして繰り返す

（文献2を参考に作成）

おわりに

冒頭で述べたように、精神疾患は心が「正常ではない状態」を指すものであり、心の病のことです。心理職が「緊張」をアセスメントする場合、それが病気の範囲であるのかそうでないのかを見立て、治療や支援に結び付けることはとても重要です。その人（患者）の「不安と恐怖」の程度や「心身のつながり」がどうあるのかを注視して「緊張」を捉え、その人の理解に役立てることが大切です。

3ケースから読み解くポイント

- ケース1のAが訴える「息苦しさ」やそのほかの身体的症状が、肺がんやその治療による影響ではないのであれば、身体症状症の可能性を考えましょう。
- ケース2のBの人前で発表することへの恐怖や不安、頭痛という症状から、社交不安症や心身症の可能性が考えられます。
- ケース3のDはさまざまなストレスにより腹痛や下痢などの症状が出ており、また気分の浮き沈みや自責的な言動も認められるため、気分障害、適応障害、あるいは心身症などの可能性が考えられます。
- 緊張という「状態・症候」を見る際の注意点として精神疾患が背後にある場合、正確な診断とガイドラインに基づいた治療法が必要になるため、注意しましょう。

引用・参考文献

1) 内山登紀夫. "不安症, 強迫症". 公認心理師ベーシック講座：精神疾患とその治療. 東京, 講談社, 2022, 69-77.
2) American Psychiatric Association. DSM-5® 精神疾患の診断・統計マニュアル. 日本精神神経学会監修. 髙橋三郎ほか監訳. 東京, 医学書院, 2014, 932p.
3) American Psychiatric Association. Diagnostic and Statistical Manual of Mental Disorders. 5th ed. Washington DC, American Psychiatric Association Publishing, 2013, 1000p.
4) 井上猛. 不安障害の薬物療法. 精神神経雑誌. 114 (9), 2012, 1085-92.
5) 黒瀬心. 緊張病症候群. 神経心理学. 35 (4), 2019, 197-206.
6) 日本心身医学会教育研修委員会. 心身医学の新しい診療指針. 心身医学. 31 (7), 1991, 537-73.
7) 上島国利監修. 最新図解　やさしくわかる精神医学. 東京, ナツメ社, 2017, 64-71.

（小松賢亮）

コラム ④発達障害と緊張

発達障害（神経発達症）とは、自閉スペクトラム症（Autism Spectrum Disorder；ASD）、注意欠如・多動症（Attention Deficit/Hyperactivity Disorder；AD/HD）、限局性学習症（Specific Learning Disorder；SLD）などの総称で、症状が脳の機能的な障害に起因し、発達期（おおむね18歳まで）にその症状が見られる一群のことを指します。発達障害を有する児・人は、定型発達の児・人とは異なる特性を有しています。例えばASDでは社会的なコミュニケーションに障害があり、曖昧な指示が理解できなかったり、「空気が読めない」と言われたりすることがあります。また、興味が限定的でこだわりが見られるため、注意や場面の切り替えが難しく、急な予定変更に混乱したりします。感覚（聴覚や味覚、皮膚感覚など）が過敏であったり、あるいは鈍感であったりするので、ほかの人にとっては気にならない刺激がASDの児・人にとっては苦痛になることがあります（その逆もあります）。

このように発達障害を有する児・人は、多数の定型発達の児・人とは異なる特性を有しているため、さまざまな場面で緊張したり、混乱したりすることがあります。しかし、その多くは、発達障害を持つ側の問題ではなく、環境・状況とのミスマッチによって起こっていると考えられます。曖昧な指示をして、ASDの児・人が理解できないときにASDの児・人を叱っても問題は解決しませんし、かえって指示されることに緊張を示し、曖昧な指示をされるような場面を回避するようになるケースもあります。そのときには、どうしたら指示が伝わるのか、指示の仕方を変えることで解決できます。また、例えば聴覚過敏のため教室の中にいるのが苦痛だという場合には、聴覚的な刺激を低減させるイヤーマフの着用を認めるといった対応ができます。このように、発達障害を有する児・人の緊張を減らすために、周囲や環境に何ができて、どこを変えられるのかを考えることが重要となります。

（髙坂康雅）

第3章

緊張のアセスメント
～BPSモデルで仮説を立てる～

第3章　緊張のアセスメント～BPSモデルで仮説を立てる～

1 ケース1のBPSモデルと仮説

ケース1 （p.22「はじめに3」の続き）

60歳の男性Ａ。呼吸困難を主訴とし、呼吸器内科から心療内科に紹介受診となった。

登場人物

Ａさん

心療内科医
（緩和ケアチーム担当医）

公認心理師
（緩和ケアチーム所属）

● 最初のあいさつ ●

医：緩和ケアチームの医師です。緩和ケア認定看護師から、いろいろなお体の症状があるとのことで相談があってお伺いしました。

Ａ：あ、はい……。ありがとうございます。

医：主治医の先生や看護師さんからある程度話を聞き、カルテも一通り拝見したのですが、具体的にどういったことにお困りなのか、もう一度教えていただいてよいでしょうか？

Ａ：そうですね……とにかくずっと息苦しいんです。息が詰まっている感じというか……。加えてだるさや痛み、立ったときのふらつきもあって……。

医：なるほど……。息苦しさやだるさ、痛み、ふらつきなど、さま

ざまな症状でお困りなんですね。症状はいつから始まりましたか？

A：あまりはっきりとは覚えていませんが……。だいたい6カ月前くらいからでしょうか。

医：**そうすると、主治医の先生がいろいろ検査や治療をしてくれてはいますが、ここ半年はあまり良くなっていないと……？**

A：そうですね。

医：**それはおつらいですね……。症状に波はあったりしますか？例えば、何かをしているときには良くなるとか、逆に何かをした後には悪くなるとか……。あと、症状に対して何か工夫していることなどはありますか？**

A：ん～自分ではよくわからないですね……。症状に対してしていること？ 特にないですね。ただ我慢しているだけです。

医：**そうですか。主治医の先生から、こういったことが原因じゃないかなどは聞かれていますか？ あと、Aさんご自身としては症状の原因として、どんなことを考えておられますか？**

A：主治医の先生からは、手術をするとそうなる人がいると聞いています。右肺の半分くらいを取っていますからね。加えてもともとタバコを吸っていて、肺気腫もあるとは言われていたので……。でもそれ以上は聞いてないですね。肺気腫は大したことないと言われていて、自分でも手術とか抗がん剤治療をするまで、全然症状がなかったので……。こんなに症状が残るとは思っていませんでした。だから自分では原因とか言われても、よくわかりません。

医：**なるほど……。わかりました。**

ポイント解説

現在、多くの総合病院（特にがん診療連携拠点病院[※1]）では緩和ケアチームが設置され、さまざまな症状で緩和ケアチームに依頼がきます。入院患者はもちろん、外来でも緩和ケアを提供できる施設もあり、外来通院しながら、より専門的な緩和ケアを受けるために緩和ケアチームもしくは緩和ケア外来を受診する患者も少なくありません。

こういった場合、主科（メインで診療を担当するがん診療科）と連携を取りながら、まずは十分な情報収集に努めることが大切です。まったく病状を把握せずに対応し、患者側との情報の齟齬が生じ、ラポール（信頼関係）形成の阻害要因となることもあります。

本症例では緩和ケアの担当医として心療内科医が登場していますが、拙速に症状を「心の問題」として取り扱うことは好ましくありません。まずはラポールの形成を図り、緩和ケアを継続して受けたいと思ってもらえるような関係性を早期に（できれば初診時に）築くことがとても重要です。

最初の診察では、症状に関する詳細な問診も行います。「問診と身体診察で病気の８割が診断できる」という格言もあるように、病態把握のためには患者自身が自覚している症状を丁寧に聞き取ることが求められます。特に本症例のような他覚的にはわかりにくい（＝他人に見えない）諸症状の場合、本人への問診がその後の病態仮説の構築のために必要不可欠です。特に OPQRST といわれる問診項目（**表 1**）は一通り押さえておきます。

本人の「解釈モデル」の聞き取りも重要です（p.115 の「Aさんご自身としては……」）。加えて、可能であれば主治医がどのように本人・家族に説明しているのかも併せて把握しておくと、本人の理解とのずれも把握しやすいでしょう。家庭医療の領域では

表 1　OPQRST の問診項目

Onset	発症機転	「いつから始まったか？」
Palliative & Provocative factors	寛解・増悪因子	「どんなときに良く／悪くなるのか？」
Quality & Quantity	性状・強さ	「どんな／どれくらいの痛みか？」
Region & Radiation	部位・放散	「どこが痛くなるか？」「ほかに痛い部位はあるか？」
Associated Symptoms	随伴症状	「ほかにどんな症状があるか？」
Time course	時系列	「最初はどうで、それからどうなって、いまはどうか？」

表 2　かきかえの技法

か	解釈	なぜ症状が起きているのかという解釈
き	期待	医療者や周囲に対する期待
か	感情	症状があることの感情
え	影響	症状による生活面へのさまざまな影響

（文献 1、2 を参考に作成）

この解釈モデル（解釈）に、ほかの 3 項目を加えて「かきかえの技法（表 2）[1, 2]」という語呂合わせがあります。

これらの後に、丁寧な身体診察、そして病態仮説の形成・共有へと移っていきます。

※1　全国どこでも質の高いがん医療を提供することができるよう、全国に国指定のがん診療連携拠点病院が 456 カ所指定されている（令和 5 年 4 月 1 日現在）。また各都道府県指定の拠点病院もある。

● 一通りの問診を終え、診察は続く。病態仮説の構築 ●

医：〈医師はAについて、淡々としたやり取りが続き、あまり感情が表に出ない人だなという印象を持っている〉ありがとうございます。いろいろお話を伺い、Aさんがおおむねどんな症状をお持ちで、どうお困りなのかが理解できました。

A：いえ、こんなので良かったんですか？

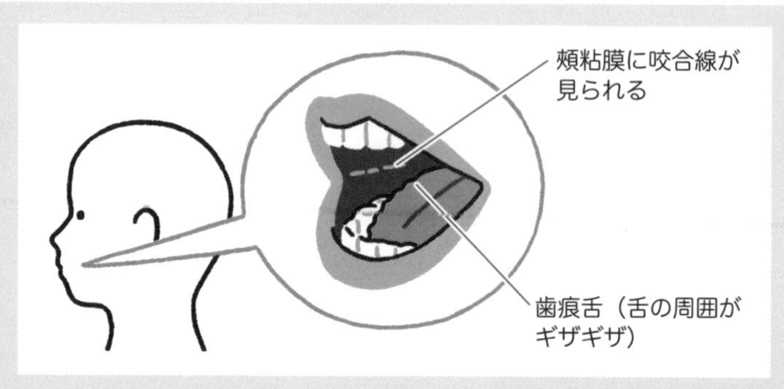

図１　歯列による咬合線

医：はい。もしかしたら、今後追加でお聞きするかもしれませんが、今日のところはこれだけお話しいただければ十分です。ありがとうございます。では次は、お体の診察をさせてもらってもよいですか？

A：え？ 診察とかあるんですか？

医：あ、すみません。驚かれましたよね。結構驚かれる方、おられるんです。ただ、先ほどお聞きしたお話と、お体の診察、画像などの検査を併せて総合的に症状を評価するのが、われわれ緩和医療に携わる者の役割なので……。そんなに難しい診察ではありませんし、時間もかかりません。ご協力いただけますか？

A：わかりました。

医：ではまず顔から診察しますね。〈眼瞼結膜チェック〉あ～、やはり少し貧血がありますね。

　続いて……少し目に光を入れさせていただいてもいいですか？ 対光反射という自律神経のバランスを見るものです。〈対光反射チェック〉ありがとうございます。やはり瞳孔が少し小さくなっていて、交感神経の過緊張があるかもしれませんね。

　次は口の中を診察するので、開けていただいてもいいですか？〈口腔内の観察、歯痕舌・頬粘膜の歯列による咬合線（図１）あり〉はい。ありがとうございます。Aさん、かみ締

めがきついほうですか？ 歯ぎしりとか。頬の粘膜のところに歯型がびっしりついていて……。

A：あ、そうですか。あまり自分では自覚していないですね……。

医：**わかりました。次に肩の筋肉の診察をしますね。そのまま楽にだら～っとしておいてくださいね。〈僧帽筋を押さえる〉むちゃくちゃ張ってパンパンですね。普段からだいぶ肩凝りとかがあるんじゃないですか？**

A：えっ？ 肩凝りとかみんなあるものだと思っていました。

医：**筋肉の緊張はかなり個人差がありますが、Aさんの凝りはかなり強いほうですね……。緊張が強いと頭痛の原因にもなったりしますからね。**

A：あ、頭痛もあります……。

医：**そうでしたか。それも緊張からくるものかもしれませんね。では次、胸の診察……。**

～途中省略～

医：**そういえば先ほどから、実は呼吸の速さも診させていただいていたのですが、ご自分の呼吸に関して何か気付くことはありませんか？**

A：えっ？ 呼吸ですか？ 息苦しさはたしかにありますが……。

医：**そうですよね。実はAさんの呼吸、自然にしていると非常に浅くて速い呼吸になっているんです。これはもちろん、手術で肺の一部を取っているということからくる部分もありますが、Aさんのように緊張が強い方の場合、大きな横隔膜を使う呼吸（腹式呼吸）ができずに胸の筋肉だけを使った浅い呼吸（胸式呼吸）になってしまっている人が少なくないんです。それも少なからず息苦しさに影響しているかもしれませんね。**

～途中省略～

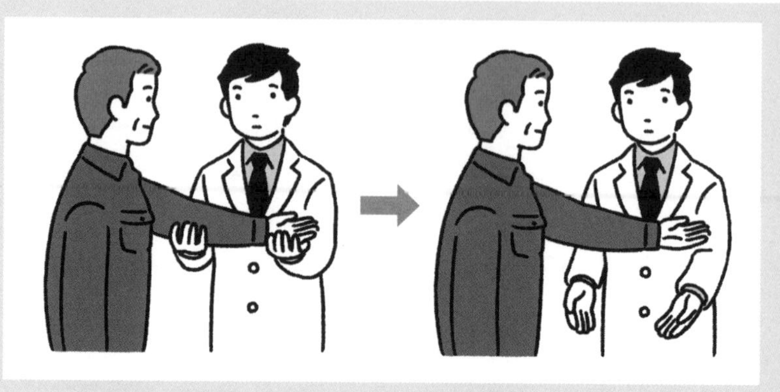

図2　アームチェア・サイン
緊張が強い人だと、腕が不自然な落ち方になったり、腕が落ちずにそのままになったりする

医：**では最後に、少し変わった診察をしますね。手を私が上げるので、だら〜んとしておいてくださいね。力を抜いて……だら〜〜〜〜んですよ。〈アームチェア・サイン[3)]（図2）〉**

A：……。（腕が落ちない）

医：**どうなったかわかりましたか？**

A：？？

医：**これはアームチェア・サインといって、普通、緊張が強くない人ならだら〜んと脱力して、私が手を離すとバタッと落ちるんです。ただ、緊張が強い人の場合、力が入って不自然な落ち方になったり、Aさんのように腕が残ったままになったりすることもあるんです。**

A：そうですか……。では私は相当緊張が強いと……？

医：**そうですね。全体的に緊張が強く持続しているんだろうと思います。ご自身で思い当たるところはありますか？ 緊張の原因とか……。**

A：昔、会社勤めをしていたときは、プレゼンテーションの前などは汗びっしょりになって、どきどきしていました。独立してからは少しましにはなりましたけどね。

医：**なるほど……。少しずつ慣れてはきたけれど、もともと緊張し**

やすさはあったのかもしれないですね。ほかにはありませんか？

A：これは関係あるのかどうかはよくわからないですけど、よく心配性とは言われますよね。まあ自営業なので、ある程度の心配は仕方ない、むしろ健全と思っているのですが……。

医：**そうですか……。教えていただいてありがとうございます。あとは、病気に対する不安とかはいかがですか？**

A：それはないと言ったらうそになりますよね。実際に再発もしていますし……。

医：**そうですよね。がんになられた人は程度の差はあれ、病気に関する不安を抱えておられますし、Aさんが特別というわけではありません。ただ、今の症状が何からきているのかは気にはなりますよね。**

ポイント解説

問診から診察においても、患者に声をかけ、安心感を与えながら、診察の意義やそれから得られるさまざまな所見を丁寧にフィードバックしていくことが大切です。特にがん患者の場合、検査や画像診断などがメインで治療が進むことも少なくないため、身体に触れる診察を受けるのは数カ月ぶりという人も少なくありません。したがって、身体に触れる診察の意義についても、必要に応じて説明します。

症状の局所の診察のみならず、包括的なアセスメントのためには筋緊張の強さや交感神経の過緊張を捉える診察も必要になります。診察のなかで、何らかの情報が得られるたびに、適宜患者にフィードバックをすることで、心身相関への気付きが促されるメリットもあります。

さらに、がん患者ではその心理状態について扱うことも求められます。多くは適応障害レベルで回復していきますが、なかには抑うつ状態が続いたり、身体化によってさまざまな身体症状を次々に訴えてきたりする患者もいます。ここで大切なことは、安易に「心因性」という評価はせずに、機能性の病態※2も含めて、全人的な評価をすることです。特に長く身体症状を抱えている場合、過去にどこかで「気のせい」と評価されて傷付く体験をして医療者への不信感が根底にあることもあり、病態仮説の形成と共有に当たって、より慎重な態度が必要となることもあります。

※2　疾患は大きく器質性疾患と機能性疾患に大別される。器質性疾患はいわゆる一般的な検査で異常があるもので、例えば脳出血・肺炎・大腸がんなどである。一方で、機能性疾患は一般的な検査で異常がないことが逆に診断に寄与するものであり、片頭痛や過敏性腸症候群、月経前症候群などがそれに当たる。もちろん、機能性疾患でも特殊な検査をすれば、異常が見つかることが少なくないが、一般的な医療機関で行われる検査ではなく、むしろ問診や身体診察、そして器質性疾患の除外により診断されることがほとんどである。

● 病態仮説を共有しつつ、緩和ケアチームの公認心理師に心理療法を依頼する ●

医：長い時間ありがとうございました。これで一通りの診察は終了です。

A：こちらこそありがとうございました。で、結局症状の原因はどんな感じなんでしょうか？

医：そうですよね。それが一番気になりますよね。少し絵を描くので待ってくださいね。〈p.127 の病態仮説図を提示〉いまのところ、私のなかではこんなイメージかなと思って仮で描いてみました。あくまで私の予想なので、違うと思ったり、わからないことがあったら遠慮なくおっしゃってくださいね。

まずはメインでお困りの息苦しさからいきましょうか。これは純粋に右肺の半分を取っているので、当然関係ありそうです

よね。あと、もともとの肺気腫。それほど重くはないということでしたが、肺を取っていることと併せて、息苦しさの原因になっている可能性はありますよね。

A：そうですね。これは理解できます。

医：ありがとうございます。あとは痛み。これも純粋に手術の後の傷の痛みもありそうですし、再発部分が胸膜という肺を覆う膜の部分に接しているので、それも痛みの原因になっている可能性がありそうです。

A：再発の場所と痛みって関係あるんですね……。

医：そうなんです。肺自体は痛みを感じることがないんですが、それを覆う膜、つまり胸膜には痛みのセンサーがあって、それが刺激されると痛みが出るんですよね。さっき息を吸ったり吐いたりしてもらって痛みが強くなったでしょう？ これも胸膜痛といって、膜の痛みの可能性が高い証拠です。

A：そうなんですね。よくわかりました。

医：そしてそれらをつなげる悪化要因となっているのが「緊張」ですね。先ほど診察させていただいても、かなり緊張が強いことがわかりましたよね。そしてこの緊張が、痛みと息苦しさと双方に関わっていて、悪循環をきたしている。そんなことを考えてみましたが、いかがでしょうか？

A：この緊張の原因は、もともとの気質とか、病気や生活上の不安とかっていうことですか？

医：**おっしゃる通りです。せっかく言っていただいたので、書き加えておきましょう〈病態仮説図の［　　　］部分〉。これでおおむねよいでしょうか？ ほかに何かご追加ありますか？**

A：特にないですね。よくわかりました。いままでこんな説明をされたことがなかったので……。

医：**そうでしたか。ご理解いただけて良かったです。ではこれから治療の話をしましょう。基本的にはこの外来では症状の評価とお薬の治療がメインになります。痛みに対してはいままで使ったことがない痛み止めなども使ってみましょう。そして、この緊張、これに対してうちのチームには公認心理師という心理の専門家がいるんです。この緊張に対するリラクセーション法なども良い方法かと思いますが、どうでしょうか？**

A：リラクセーション法？

医：**はい。簡単にいうとリラックスして緩める方法なのですが、呼吸法といったものから専門的には自律訓練法といったものまであります。加えて、セルフケアといって、ご自身での対処を習得するのも非常に大切です。そのあたりの方法を一緒に探すのは、私なんかより心理の先生のほうがよほど上手なので、一度会ってもらえたらと思いますが、いかがですか？**

A：あ、はい。わかりました。ではお願いします。

医：**ありがとうございます。では次回の外来は……。〈診察終了〉**

〜緩和ケアチームカンファレンスにて、公認心理師に心理療法を依頼する〜

医：**今日外来に来ていたAさんですが、次回から診てもらえませんか？ 私の外来の後とかに。**

心：わかりました。次回の心理療法の予約がすでに入っていたので、さっき少しだけカルテを見させてもらいました。だいぶ不安や緊張が強そうな感じですね。加えてあまり感情的な語りをされない患者さんだな……と。

医：**やはりそう思われますか？ アレキシサイミア傾向かなとも思いますし、夫婦関係などについては、今回は初診だったのと、時間も限られていたので、あまり深掘りしてまでは話を聞いていません。基本的にはリラクセーションを行いつつ関わっていただき、必要に応じて追加の情報収集・アセスメントもお願いできればと思いますが、どうでしょうか？**

心：わかりました。再発で化学療法中でもありますし、今後重要な意思決定の場面も増えてきそうですからね……。ある程度ご自身で意思決定していけそうな患者さんではありますが、万が一のことも含めて関わっていこうと思います。また何か あったら相談しますね。

医：**ありがとうございます。よろしくお願いします。**

ポイント解説

診察を一通り終えて、病態仮説の形成・共有をする場面です。このような形で、後述する病態仮説図の仮の案を提示し、共有しながら完成図を作り上げることが望ましいでしょう。ここで最初の解釈モデルを上手に図の中に入れたり、聞いたエッセンスを混ぜ込んだりしていくと、より良い病態仮説図を作ることができます。特に身体的要因を強く考えている患者に対しては、その考えは否定せず、むしろ利用・支持する形で、病態仮説図を形成すると、より納得感が高いものになります。もちろんすべての事象を病態仮説図に表す必要はありません。今回の症例の場合には、だるさやふらつきなどの症状は省いています。これらも医学的に説明することは可能ですが（例：貧血など）、極力シンプルかつ患者が理解可能な病態仮説図が望ましいです。

また、介入ポイントが明確になっていることも重要です。本患者の場合には、大きく「息苦しさ」と「痛み」という２つの身体的な愁訴とそれをつなげる「緊張」の悪循環のモデルを提示し、身体的な問題に対しては薬物療法の検討を、緊張に対しては心理支援の重要性を説明し、理解を得られています。このように、介入のポイントも病態仮説図の中に明示し、患者と共有しておくことで、次回以降の外来時に何がどうなったから良くなった（あるいは悪くなった）のかを確認しやすいというメリットがあります。

また、あくまでこの病態仮説図は「仮説」であって、本当に正確に病態を表現できているかはわかりません。しかし、患者が受け入れられるものであって、介入ポイントが明確であり、医学的に明らかに誤っているものでなければ病態仮説図としては問題ありません。また仮説であるため、間違っていれば変更したり、不足していれば情報を追加したりすることも可能です。一度の外来で完璧な病態仮説図ができることは少なく、後々の情報で、「そうなっていたのか！」とわかることも少なくありません。

今回のような症例では、チーム医療のなかの心理職が継続的に関わっていくことで心理的アセスメントにより深みが生まれることが予想されます。また今後の意思決定支援などにおける心理支援にも、心理職が重要な働きを担うことになるでしょう。

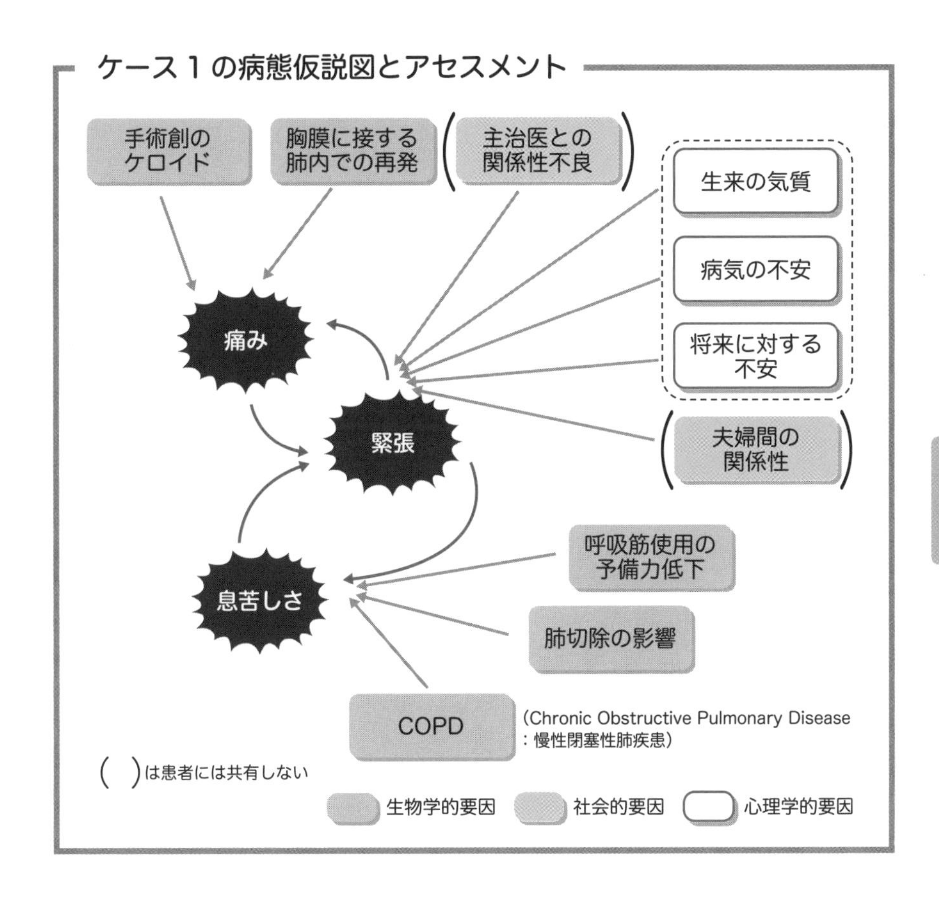

心理職の緩和ケアへの関わり方

緩和医療、特にがんに関わる患者のBPSモデルでの病態仮説形成を概説しました。現在、わが国ではがんを中心に緩和ケアが提供されることが多く、全人的苦痛（身体的苦痛・精神心理的苦痛・社会的苦痛・スピリチュアルペイン）の包括的アセスメントは必須になっています。特に本症例のように、身体←→心理が密に関わり、悪循環を形成しているような症例においては、身体的な介入だけでは改善がない、もしくは患者が満足するほどの改善が見られないことも少なくないため、心理職による心理支援がとても重要です。実際、緩和ケアの領域でもサイコオンコロジー（精神腫瘍学）の分野では、精神科医・心療内科医だけでなく看護師や心理職が現場で非常に活躍しています。

がん患者は、その背景となるがん腫や病期もさまざまであるため、心理的な知識のみならず、がん医療全般の知識も求められます。緩和ケアチームにおいては、本症例のように、主に治療を担当する診療科（主科）が存在するため、主科側の見立てや治療方針の確認もとても重要です。また専門的な治療に関しては、われわれも知識に乏しいこともあり、必要に応じて教えを請うことも必要となります。医療者同士も互いが良い関係性で、患者・家族のケアに臨めるのが理想です。

今回はがん患者のモデルケースを提示しましたが、実際には緩和ケアの対象はがんだけではありません。命に関わる病に罹患する患者・家族が緩和ケアの対象となるため、その対象となる疾患もがんにとどまらず、心不全やエイズ（AIDS）、近年では新型コロナウイルス感染症（COVID-19）など幅広くあります。家族や遺族支援における心理職の活躍の場もあります。一人でも多くの心理職が緩和ケアの魅力を感じ、関わりを持てるようになることを願ってやみません。

引用・参考文献

1) Moira Stewart ほか. “第 1 の構成要素：健康, 疾患, 病気の経験を探る”. 患者中心の医療の方法：原著第 3 版. 若手医師によるグローバルにプライマリ・ケアを考えるための翻訳研究会訳. 葛西龍樹監訳. 東京, 羊土社, 2021, 46-81.
2) 吉田秀平. “第一の要素：健康, 疾患, 病気の経験を探る”. ふだんの医療をもっとよくする　総合診療チュートリアル. 日本プライマリ・ケア連合学会監修. 東京, 日経 BP, 2022, 20-5.
3) Lance, JW. et al. Treatment of chronic tension headache. Lancet. 1（7345）, 1964, 1236-9.

（大武陽一）

2 ケース2のBPSモデルと仮説

ケース2 （p.24「はじめに3」の続き）

19歳の女性B、大学1年生。頭痛を主訴とし、公認心理師の紹介で心療内科を受診した。

登場人物

Bさん

Cさん

心療内科医

● 初回受診時の主訴の聞き取り ●

B：市販の鎮痛薬をほぼ毎日飲んでいると伝えたら、こちらの受診を勧められました。

医：**鎮痛薬が毎日必要なくらい、つらいのですね……。それは受診されて良かったです。お薬を含め頭痛の治療法にはいろいろな種類があるので、Bさんに合うものを見つけていきましょう。ちなみに心療内科と聞いて緊張される方は多いのですが、こういった科を受診するのは初めてですか？**

B：はい……。正直どんなところかわからず嫌でしたが、身体も診てもらえると聞いたので来てみました。前に熱が出て受診した夜間救急で頭痛についても聞いてみたのですが、いくつか受けた質問に答えると「多分ストレスだから休んで鎮痛薬を飲んで様子を見るように」としか言われなくて。ストレスが原因と言われてもわからないし、これ以上どうすればいいのかと途方に暮れていました。以前母がよく片頭痛で寝込んでいましたが、私もそれなのでしょうか？

医：**原因がはっきりしないと誰でも不安になるものですが、最近のBさんはどうにかしたいと思うくらい困っていたのですね。Bさんのお考えの通り、頭痛の種類もさまざまで、様子を見ていてよい頭痛かどうかについても調べていく必要があります。今日、帰りにいくつか身体検査の予約を取りましょう。まずは、原因や治療法を考えるにあたってBさんの頭痛の特徴について聞かせてください。**

ポイント解説

一般的に医師は、症状から想定される鑑別疾患のうち緊急度の高い疾患を除外しトリアージすることを優先します。特に救急の現場では、即座に命に関わりうる疾患さえ除外できればその場で身体検査を行わず、すぐに次の患者対応に移らねばならないことも多々あるわけですが、そういった事情を知らない患者が多いこともまた事実です（＝＝＝部）。よって、われわれの臨床現場では常にこのようなすれ違いが起きています。

● 頭痛の症状（Bio）と心理社会面（Psycho-Social）に関する情報収集 ●

医：**頭痛のせいで、具体的には生活のどんなところに支障が出ていますか？**

B：頭痛のせいで授業を休んでしまい、単位が危ないです。前の病院で言われた通り、鎮痛薬も飲んでいるし、ストレスがかからないようになるべく休んでいるのですが、そのために大学に行

けていないことも気になってしまって……。

医：**大学に行けないほどつらい頭痛なのですね。でも結局大学のことが気になってしまうなら、お休みにも集中しづらそうですね……。ほかに、頭痛で困っていることはありますか？**

B：そうなんです。ほかには……彼氏（C）とのデートも、頭痛のせいでうまくいきません。たいてい、時間が経つにつれて頭の両側が締め付けられるように痛くなり、夕方になるころには外にいるのがつらくなってしまいます。

医：**頭痛が始まってもデートは続行して外にいたりするのですね……。頭痛は圧迫される感じか、ズキンズキンする感じかでいうとどちらでしょう？ 吐いてしまったことはありますか？**

B：まあ、我慢できないことはないレベルなので……。どちらかというと圧迫される感じですね。吐いたことはないです。

医：**そうですか……。十分つらそうですが、そういうときには早く帰って休めないのでしょうか？ 少しでも痛みを楽にするためにしている工夫はありますか？**

B：浪人中の彼氏がせっかく1日空けてスケジュールを組んでくれているので、なかなか帰るわけにもいかず……。ただ私も耐えきれなくなると途中で鎮痛薬を飲んだり、首や肩のストレッチをしたりしますが、それで空気を壊してしまうのも申し訳ないので、見られないようにこっそりしています……。

医：**もし見られたら、どんな空気になってしまいそうなのですか？どんなことを言われてしまうのでしょう？**

B：ぴりぴりというか……。特に何も言われませんが、私、人の気持ちがすぐわかるんです！ 顔には出ていないけれど、確実にいらついています。でも、Cが私のために提案してくれたスケジュールだから、私が悪いんです。頭痛さえなければそのスケジュール通りに動けるのですが。

医：**エスコートタイプの彼氏さんなのですね。その親切に応えきれず申し訳ない気持ちになってしまうのでしょうか……。どうすればいいのでしょうね。**

B：私なりにデートの前の日はなるべく安静にして備えるのですが、結局夜も寝付けなくて。

医：**試験前の高校生のようですね。緊張、しているのでしょうか……。問診票の既往の欄に社交不安症とありますが、デート前も、人前での発表前のような状態に似ていますか？**

B：全然違いますよ！ よりによって彼氏相手に緊張するわけないです！

医：**気持ちの緊張は特に感じないということですね。わかりました。診断のためになる情報を教えていただきありがとうございました。それではここで、身体診察をさせていただきます。〈全身を診察するなかで胸鎖乳突筋や僧帽筋（図1）にも触れる〉ここの筋肉が非常に硬いですね。**

B：そうですね……。そこはよく張っている気がします。

医：**実はこの筋肉は、緊張型頭痛というタイプの頭痛に関連しているといわれているのですよ。「緊張」といっても身体の緊張ですね。人間はよく大事な場面で勘違いして身体に力を入れてこわばらせてしまうという習性があります。人によっては目の周**

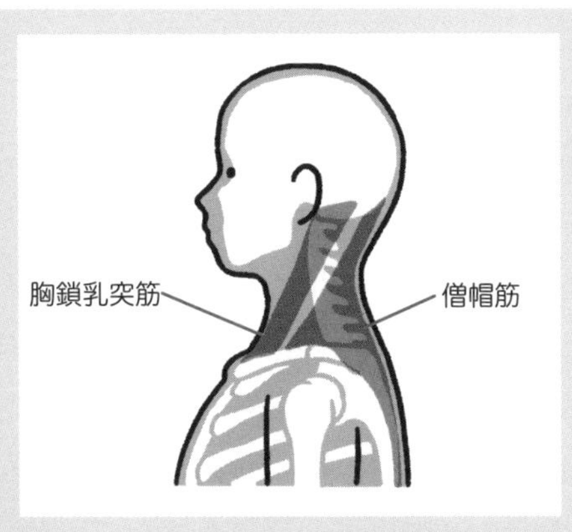

図 1　緊張型頭痛に関連する代表的な筋肉

りや顎の筋肉まで緊張し、眼精疲労や顎関節症を併発することもあるのですが、思い当たることはありますか？

B：眼精疲労は常にあります。そのせいで勉強に集中しづらかったんです……。顎も、歯科検診で指摘されたことがありました。言われてみれば、人前に立つとその痛みもあって話しづらいこともあったなと……。これらも良くなるのでしょうか？

医：ご自身に合う治療を見つけて続けることで、複数の症状が同時に良くなっていく可能性は高いですよ。それにしても、身体のいろいろな部位が緊張してしまうほど "大事な場面" とは何だったのでしょうね……。日常生活で症状が強いときに、ご自身でも観察してみてまた教えてください。

今日は、鎮痛薬と、この緊張を緩和する薬を処方します。この薬は抗不安薬というグループの薬ですが、筋肉を弛緩させる効果もあります。眠たくなるかもしれないので、車の運転前などは避けて、使ってみてください。依存してしまうのではないかという方がいますが、これからご説明する用法を守っていただければその心配はありません。次回、効果判定を行い、治療内容の調整を検討します。〈薬剤の用法の説明、再診日時の相談をして終了〉

ポイント解説

機能性頭痛のなかでもよく知られている緊張型頭痛と片頭痛は混同されがちですが、治療法が異なるため、区別できるよう問診で情報収集を行います。今回は本人から自然と引き出された（＝本人が話したい・気になっている）エピソードを聞いていくなかで頭痛の性状も聴取した結果、緊張型頭痛の可能性が高くなっていきました（〰〰部）。そこで途中から、「緊張」に焦点を当てた質問をしながら、心理社会面の聴取を進めています（……部）。

● 検査結果の報告、治療内容の調整ーリラクセーション法の指導 ●

医：先日受けていただいた血液検査と頭部 MRI では、頭痛の原因と考えられるような異常は認めませんでした。まずは先日お話しした緊張型頭痛を疑って治療しながら経過を見ていくのがよさそうです。実際、お薬を内服してみていかがでしたか？

B：抗不安薬を飲むと、頭痛が格段に楽になりました。

医：そうでしたか。再度診察させてください。〈診察〉たしかに、前回診察時よりも筋肉の緊張が和らいでいますね。

B：まあ今日は授業がなかったですし、Cも模擬試験で……。

医：授業では筋緊張が起きやすいのですね。Cさんが試験の日は何が違うのでしょうか？

B：……夜まで連絡が取れません。

医：それも、何らかの関連があるのかもしれませんね……。しかし、お薬の効果もあったのではないでしょうか。このお薬はお話しした通り、身体も気持ちもリラックスさせる作用があります。

B：その件で……彼氏が「精神科の薬は依存症になる」と言うので飲みにくくなってしまって。

医：Bさんとしては納得して飲まれて効果も実感できたのに、そのことがうまくCさんに伝わらなかったのでしょうか？

B：伝わらないというか、伝えづらいというか……。私のためを思って心配してくれてのことなので。

医：Cさんの言動からご自身への思いが読み取れるからこそ、主張することを控えられたのですね……。それでは、お薬以外にも治療法はありますので、ご紹介しますね。心療内科で代表的な、自律訓練法というリラクセーション法の一種です。

～指導～

B：難しかったです。でもなんだか温かくなってきました。

医：自律訓練法の効果をいち早く実感していただけましたね。いますぐの習得は難しいでしょうが、繰り返すうちにできるようになりますよ。日常生活のなかで訓練することで、リラックスが習慣化して治療効果が上がるとされています。ぜひ思い出してやってみてくださいね。

さて、今日もいくつか治療法選択のためのヒントを収集させてください。頭痛が悪化したのは大学入学後しばらくしてからということでしたね。大学受験から解放されて、ようやく自由な大学生活を謳歌していたころだったのでしょうか？

B：大学は自由というか……たしかに時間割も自分で決めていいし、問題集の宿題とか小テストとかはないけれど、その代わり正解がどこにも載っていないレポートや、授業中だけでは到底準備が間に合わない発表の課題が多くて、想像よりずっと忙しいです。

医：そうでしたか。よく学生さんって同期に先輩のレポートを回してもらったり、同期の家に集まってわいわいと発表準備したりするイメージがありますが、Bさんの大学は違うのでしょうか？

B：知りません！ ……空き時間はできる限り彼氏と過ごさなければならないので……。そういうグループには入っていないです。それなのに真面目そうだからって発表者の役を押し付けられちゃって……。私は社交不安症があるのにひどくないですか!? 社交不安症は、前に親の選んだ病院を受診しましたが、そこの先生が全然良くなくて、治っていないんです。

医：**そうだったのですね。ではいまは、どうしても困ったときに質問できる方はいないのでしょうか？**

B：あまりいません……。Cが知らない人と連絡を取るのを嫌がることがわかっているので。学生相談センターに通っていることもCには言っていないです。私が勝手にしていることです。

医：**そうですか……。しかしご本人が必要としていて、誰かに連絡を取ることさえ遠慮してしまうこの状況は大変に見えます。Cさんが Bさんを大切に思う気持ちが見えにくくなってしまうことはありませんか？ 一般的に、進級・進学などで互いの生活状況が変わると、それまでと同じコミュニケーションスタイルではうまくいかなくなることが多いといわれています。例えば、電話の時間が以前より長くなってしまったことはありませんか？**

B：日によって、夜中までずっとしていたり、逆にこちらが話したかったことを話す前に終わったり、時間が読めないのは少し困っていました……。同じ高校に通っていたときは「明日はお互いテストだからもう寝よう」と言えたし、電話よりも直接会って話すことが多かったので、相手の状況が把握しやすかったのですが。

医：**終わる時間が不確実だと、その後の予定も入れられないですものね。そういうときに役立つのが、新しいルールづくりです。確実にメールをチェックできるタイミングとか、デートの頻度とか。大学生のBさんだけでなく、浪人生のCさんにもメリッ**

トとなるルールがあるはずですよね。

B：ルールですか……。まあ考えてみます。でも受験生の彼が優先されるべきだし、私が合わせればいいだけのことなので大丈夫です。彼も私の話を聞くといつも意見してくれますから。

医：**大学のことも？**

B：まあ……最近は予備校が忙しそうなのであまりないですが……。高校時代はCがいつもアドバイスをくれて、その通りに行動するととてもうまくいったんです。この大学を選んだのもCのおかげで……。Cと出会うまで、ああしろこうしろと人前で役に立たない指図ばかりして私に恥をかかせてきた両親とは大違い。社交不安症になったのも元はといえば父親のせいですからね。小学校の授業参観で大勢の前で「声が小さい！」と怒鳴ったんですよ。その通りにしたけれど、クラスメイトに笑われて。

医：**苦労されてきたのですね……。ご実家で暮らしているそうですが、家ではどのように過ごされているのですか？**

B：そんな両親だから顔をなるべく合わせたくなくて、デートから帰ったらすぐ自分の部屋に入って、ほとんどそこで過ごしています。課題で忙しいのに、隙を見せるとすぐ「今日は大学に行ってないの？」とか「発表どうだった？」とか詮索してきたので……。オンライン授業のことも全然理解していない。でも最近は両親も諦めたみたいで、声はかけてこないでちらちら見てくるだけですけど。何の役にも立たない……。

医：**聞かれたくないときに聞かれたくないことを聞かれてしまいそうで、嫌になってしまうのですね。ちなみに、あと何回授業を休んでしまうと単位を落としてしまうのですか？**

B：……わかりませんけど、もうすでに駄目なんじゃないんですか。先生がすぐに頭痛を治してくださったらなんとか留年せずに済むと思ってここに来たのですが。

第3章　2　ケース2のBPSモデルと仮説

ポイント解説

リラクセーション法とは、心理社会的要因による不安や緊張の緩和と、骨格筋の弛緩や末梢皮膚温の上昇といった生理的な反応が同時に生じる技法群です。代表例として自律訓練法を挙げましたが、ほかにも呼吸法や漸進的筋弛緩法、バイオフィードバック法などがあります（詳細は第４章２〔p.163～〕を参照）。本症例では工学的な手段は用いていませんが、医師の診察という形で得たフィードバック情報を手がかりに、患者が自身の生理状態の変化を自覚しコントロール法を学んでいる部分では、バイオフィードバック法的アプローチと呼べるかもしれません（～～～部）。

memo

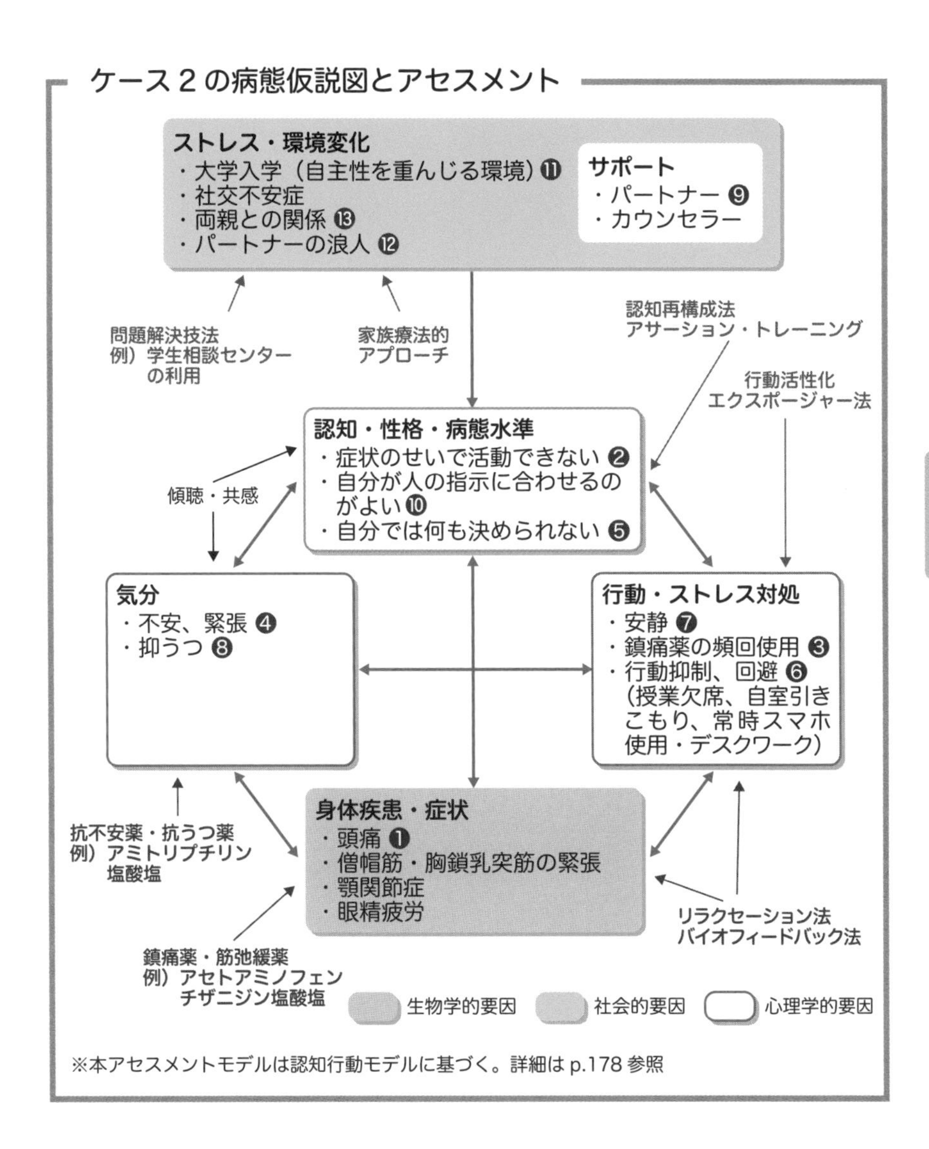

緊張型頭痛

頭痛の精査目的に病院を受診された場合は、まず緊急性を除外後、次は緊急ではないかもしれないが重症度の高い器質性疾患を除外するために、頭痛の性状に応じて、どの身体検査をどのタイミングで行うかを検討していきます。問診・診察・検査の結果を基に国際頭痛分類[1]に準拠して分類・診断し、初めて緊張型頭痛にたどり着きます。もちろん確定診断となる前に、見立てに応じて治療を始めることもあります。その治療への反応が非典型である場合には身体検査を追加するなどして診断を再検討することもあります。

緊張型頭痛の治療は病型により異なります。日常生活に支障をきたす病型は医療機関での治療対象であり、治療は急性期治療と予防療法に分けられ、それぞれに薬物療法と非薬物療法があります。一般的な急性期治療の中心は薬物療法で、一般人でも名前を知っているアセトアミノフェンや、非ステロイド性抗炎症薬の有効性が証明されているほか、筋弛緩薬や抗不安薬の併用の効果も示されています。市販薬に多いカフェイン配合薬の併用も有効とされますが、薬物乱用頭痛をきたす可能性が比較的高い薬剤のため、注意が必要です。『頭痛の診療ガイドライン 2021』[2]にのっとれば、1 週間のうち 2〜3 日以上の使用がみられる場合は、ほかの治療法の選択肢について医師に相談するようアドバイスしていただきたいところです（＿＿＿部）。

心理的背景が強く疑われる場合にもあえて身体症状に注目する意義

検査で証明しやすい器質性疾患に対して、機能性疾患の症状で困っている患者は「原因もわからず家族や医療者に厄介者と思われているだろうな」などと考え、罪悪感を抱きがちです。診断とそれに必要な問診・診察・検査を行うこと自体が外在化[3]の役割を果たし、そのような認知への介入となります（………部）。つまり、症状などの問題の責任についての本人のなかの葛藤を減少させ、問題に対して医療者と一致団結して前向きに立ち向かえるようにさせることができます。ただし現状は、多くの医師がその効果を意識できていないことも事実です。

本来、医療面接とは診断をつけるための単なる情報収集にとどまらず、医師—患者関係を構築し、患者本人に気付きを促すことが大切で、それ自体に治療的な意義があります[4]。本症例のように公認心理師と医師が協働し、患者がその医療面接の前後でどのような感情的な変化を自覚しているかを確実に意識しながら診療できる医療チームの存在が理想です。

心療内科受診の抵抗への対応

心療内科への受診に抵抗があり、本症例のように信頼関係の構築に時間を要するケースは臨床上よく経験されます。「心療内科の受診に抵抗がある人は少なくないので、安心してどう感じているか正直に伝えてください」「この症状で困っているのはあなただけではないですよ」と一般化（ノーマライジング）[5] することは、「心療内科を受診するなんて自分だけ場違いじゃないか、自分だけ変な患者だと思われているのではないか」「こんなにつらい症状なのに検査で何の原因も見つからないなんて自分は何か特別な病気ではないか」と孤立を感じている患者の認知に介入し、その患者の不安を軽減するのに有用です（______部）。

これが足りずに、心療内科宛の紹介状を無駄にしてしまう一般身体科医が非常に多いのが現状です。同じ理由で、公認心理師には気軽に相談できていた患者が、相手が心療内科医となった途端に不安に思い、受診をキャンセルしてしまうことがあるかもしれません。まずは一度、心療内科を受診していただけるよう「あなたのように身体の緊張が強く苦しんでいる人は珍しくない。緊張による身体症状を診てくれるのが心療内科です。試しに受診されてみませんか？」などと伝えてみてはいかがでしょうか。

BPSモデルで考える

● BPSモデルに着目する意義

問診内容から、表面上の主訴は頭痛（病態仮説図❶）で、B本人は「“頭痛のせいで”大学を休んでおり、“頭痛のせいで”デートもうまくいかない」と解釈している（病態仮説図❷）ことがわかりました。では、「“頭痛さえなければ”大学もデートもうまくいく」のでしょうか？

本症例では、BPSモデルを作成しながら話を聞いていくことで、モデルの空白部分、つまり本人が気付いていない要素が明瞭化し、より意図的な質問がしやすくなりました。これが、特に抑圧・否認が関連しやすい心身症診療において重要なスキルです。逆に、もし本人に問題の全貌が見えているのなら、問題の症状は受診に至る前に改善しているはずです。

つまり、一般的な生物医学（Bio-Medical）モデルでは原因→結果（病気）という一方向の矢印（→）しかありません。原因から診断をつけ、原因を除去すれば結果は消え病気は治りますが、ほかの要素が複雑に絡み合う場合など典型例から外れるとうまく説明・対応ができません。本症例において、頭痛が一般的な鎮痛薬（病態仮説図❸）では解決しなかったことや、抗不安薬の効果を自覚したにもかかわらず内服を中断したことがこれに当たります。一方、BPSモデルは円環的視点にのっとって、各要素が相互に影響し合うと考え、両矢印（←→）を用います。BPSモデルが完成するころには、本人が訴える以上のつらさを知的に理解（＝共感）することになり、本人の困りごとにつながる、本人が意識している以上の悪循環がシステムとして見えてきます。これを心身相関と呼びます。同時に、その悪循環を断ち切るために使える介入点として、主訴の身体症状や既往歴、問診から聞き取りやすい気分や感情以外にも、さまざまな要素が見えてくるのです。

もちろん、緊張型頭痛に対する鎮痛薬・筋弛緩薬やリラクセーション法、社交不安症に対する専門家受診、不安やうつに対する向精神薬（病態仮説図 **抗不安薬・抗うつ薬**）も十分に試す価値はあります。しかし、医師の多くは患者の表面上の主訴に支配される傾向があって、そのせいで本人と同様にBPSモデルの空白に気付けず、身体症状の解決に行き詰まることがあるのです。そんなとき、公認心理師の視点での評価を加えてもらうことでモデルを完成に近付ける――つまり、すでに試した治療の効果を基に本人の気付きを促す・本人の困りごとに傾聴し共感することで背景に潜む症例の特徴をさらに引き出す――ことができれば、新たな介入の可能性が見えてきて、治療が大きく前進するはずです。

●本症例で扱いたい心理療法の例

BPSモデルを患者に共有したうえで、患者の関心・意欲に配慮しながら複数の介入点にそれぞれのプロフェッショナルが働きかけることが理想です。ここでは介入法の一例として認知行動療法的アプローチ（病態仮説図 **認知再構成法、アサーション・トレーニング、行動活性化、エクスポージャー法**）を中心に紹介します[6)]。

不安（病態仮説図❹）を強く感じる人の認知は、危険を過大評価し、対する自身の対処能力を過小評価（病態仮説図❺）します。それ自体を変容させる認知再構成法や、不安を軽減させようと取りがちな回避行動（病態仮説図❻）への介入であるエクスポージャー法（不安に十分な時間エクスポージャー〈曝露〉させて自然に不安が軽減することを経験させ、回避行動を取らずとも対処できることを学習させる行動的技法）は、不安に対する技法として代表的です。

また、人はよく不安や恐怖を感じると、じっとします（病態仮説図❼）。しかし楽になるのは一時的で、悩みが次々に頭に浮かんでは「何もできていない」と自分を責め、「自分は駄目だ」という認知（病態仮説図❺）が強化されます。これは気分の落ち込み（病態仮説図❽）にもつながります。これに対する行動活性化という手法は、現実的に可能な範囲で代替コーピングに取り組み成功体験を積み重ねることで、それを自信として不安を軽減させます。

パートナー以外からの気付きを得られるチャンスが少ない（病態仮説図❾）本症例においては、パートナーへ主張でき、またパートナー以外の周囲（両親や大学の同期、学生相談センターや学事課など）にサポートを求められるコミュニケーションスキルを身に付けることも打開策となるでしょう。本症例では特にアサーション・トレーニングが有効と考えられる認知（病態仮説図❿）を描写しました。

「自分では何も対処することができない」（病態仮説図❺）という認知を修正するためには問題解決技法を用います。本症例ではBの幼さもあって、高校までと違って自主性が求められる大学型の学習法への移行がうまくできていない（病態仮説図⓫）ようです。この場合は、システムを拡大し、学生相談センターや学事課で現状のBが利用できる救済措置などについて聞いてみるようアドバイスすることも有用と考えられます。また、本人が大学生、パートナーが浪人生となった（病態仮説図⑫）ことにより本人との関係性に変化が生じていますが、それに応じたコミュニケーションパターンの変更がなされていません。本人と両親との関係性に至っては、何年も前から緊張したまま膠着状態（病態仮説図⑬）のようです。新しいコミュニケーションパターンを促す方策として、パートナーや家族などのメンバーに一緒に受診してもらい、多方向へ肩入れして会話を促進しながらメンバー同士の考えの共通項を見いだしたうえで、本症例での提案のように現状に即したルールづくりを試みることは、関係性に介入する家族療法[7]でよく取られる手法でもあります。

本症例の特徴は、Bの頼れる相手がパートナー一人に限定されていることですが、そもそも二者関係は不安定になりやすいとされています。特に、一方に強い不安・緊張のあるときには一つの塊のように融合して、それぞれの自立性が損なわれがちです。それを避けるためには第三者を巻き込み三角関係化することで安定するものですが、その第三者が身体症状ということもあるのです。

患者ー医師関係にありがちな問題

本症例のような心理社会面が大きく関わる複雑なケースでは、病態の解明に時間がかかることがあります。また、本人の気付きこそが治療を進めるために重要なため、あえて時間をかけなければならないこともあります。

しかし、心療内科医を含む身体科医を受診する患者の表面上の主訴は、あくまでも「○○（身体症状）を消してくれ」です。そもそも、医師の多くは目の前の問題をなるべく早く解決するよう長年の教育を受けてきています(もちろん患者の命を守るためにそうせざるをえない状況も存在します)。さらに心療内科医は、他科ではなかなか改善しきれなかった身体症状に関し、患者を紹介されることも多いです。病態の解明に時間をかけてしまうのも、「患者や他科の医師の期待に応えたい」「(まだまだ専門医の少ない）心療内科の力を示したい！」のような個人的な感情が、心のどこかにあるのかもしれません。

前述のような葛藤を抱えて診療をしていると、それを刺激するような患者の言動（＝＝＝＝＝＝部）に対して逆転移を起こしてしまい、知らず知らずのうちに冷静な面接ができなくなります。こういった場合にも、公認心理師が関わることで、転移・逆転移を含む患者―医師関係の問題に気付きやすくなり、むしろそれを手がかりとして患者の対人関係のパターンや問題の症状にも関連するような心理的葛藤の分析に役立てることができるでしょう。患者のみならず医療者自身を客観的に認識し、診療全体が適切にコントロールされることは身体症状を扱う臨床現場でも非常に重要です。その重要性をより多くの医師が認識し、公認心理師と医師が協働しやすい環境が増えていくことを願っています。

引用・参考文献

1) 国際頭痛学会・頭痛分類委員会. “緊張型頭痛”. 国際頭痛分類. 第3版. 日本頭痛学会・国際頭痛分類委員会訳. 東京, 医学書院, 2018, 21-7.
2)「頭痛の診療ガイドライン」作成委員会編. “緊張型頭痛”. 頭痛の診療ガイドライン 2021. 日本神経学会・日本頭痛学会・日本神経治療学会監修. 東京, 医学書院, 2021, 266-84.
3) 日本家族研究・家族療法学会編. “ナラティヴ・セラピー”. 家族療法テキストブック. 東京, 金剛出版, 2013, 114.
4) Feldman, MD. et al. “The Medical Interview”. Behavioral Medicine. New York, McGraw-Hill Education, 2014, 8-9.
5) J・パターソンほか. “基本的なカウンセリングスキル”. 家族面接・家族療法のエッセンシャルスキル. 東京, 星和書店, 2013, 137-8.
6) 大野裕ほか. “主要な認知行動療法のスキル”. 簡易型認知行動療法実践マニュアル. 東京, きずな出版, 2017, 75-133.
7) 日本家族研究・家族療法学会編. “多世代伝達モデル”. 前掲書 3). 81.

（種本陽子）

3 ケース3のBPSモデルと仮説

ケース3 (p.26「はじめに3」の続き)

42歳の女性D。下痢・腹痛を主訴とし、相談員（公認心理師）Fの指示で心療内科を受診した。

登場人物

Dさん

Eくん
(Dの子ども)

心療内科医

● あいさつの場面～患者とのやり取り一Bio ●

医：**はじめに、心療内科に相談に来てくださった理由を教えてください。**

D：そうですね……。実は私の小学生の子ども（E）が「おなかが痛い」と言って学校に行けなくなって困っていまして。小児科に連れて行ったのですが、特に身体に問題はないようです。自分はそういう経験がないので、なぜうちの子が学校に行きたがらないのか……まったくわからないんです……。Eが学校に行けないと私の出勤時間も遅れるので、毎日とても焦ってしまいます。生活リズムが乱れて最近は私まで体調が悪くて……。火照りや発汗……イライラすることもありますし……。年齢的に更年期障害もあるかなとは思っているのですが。あと、私もおなかが痛かったり、下痢したりするようになってしまって。少し前からⒺのことを教育センターの相談員（公認心理師）のⒻさんに相談していたのですが、その方から「心療内科で相談してみてはどうか？」と勧められたので受診しました。

医：**そうですか。お子さんのことが心配なうえ、Ⓓさん自身も体調を崩していらっしゃるのでは、本当に大変ですね。ところで、火照りや発汗などの症状について、更年期かもしれないとも考えているのですね。婦人科の受診もお考えだったのですか？**

Ⓓ：はい……。職場にも更年期に婦人科で漢方薬をもらって調子が良くなった同僚がいます。私も婦人科で相談したいと思っていたのですが、なかなか時間が取れなくて……。でも相談員のⒻさんは婦人科ではなくて心療内科が良いと思いますよ、とおっしゃっていたんですよね……。

ポイント解説

Ⓓには火照り、発汗といった自律神経失調症状※1や、腹痛、下痢などの下部消化器症状が現れています。Ⓔが腹痛を訴え登校をしぶるようになった時期から出現しはじめた症状で、Ⓓ自身も症状とⒺの問題との関連を認識している様子でした。

一方で、Ⓓはいまだに市販薬での自己対処を続けており、更年期障害かもしれないという自己解釈も口にしています。器質的異常や更年期障害がすべて否定されると、あらためて症状とストレスの関係（＝Ⓔの問題）と向き合わざるを得なくなりますが、Ⓓの言動からはいまだに否認や回避も感じられます。診察ではⒹの葛藤にも理解を示し、身体精査から順に進めるのがよいと思います。そして、ストレスの影響を受けた自律神経失調症状や過敏性腸症候群のような消化器不調が混在している状態であるとⒹ自身が気付くことができるやりとりが必要です。Ⓓの身体不調は更年期障害によるもの？ 消化器症状は過敏性腸症候群？ 消化器系の身体化？と、視点を増やして丁寧に問診と病態評価を進めます。

なお、「自律神経失調症」とは交感神経と副交感神経から成る自律神経のバランスが崩れることで起こるさまざまな症状の総称で、医学的には正式な病名ではありません。広義には更年期障害も過敏性腸症候群のような消化器不調も「自律神経失調症」といえるのです。

一般には自律神経失調症状の自覚がある患者の多くが自身の病態・病名を「自律神経失調症」と誤った自己解釈をしています。しかしこの病名は、心理社会的な背景など心身症的な病態を見えにくくする一面もあり、患者の否認や回避の表れと感じることも多々あります。少なくとも治療・介入する立場では「自律神経失調症」という病名は厳に使用しないよう注意しましょう。

※1　自律神経の失調により引き起こされるさまざまな症状。ここでは、自律神経失調症の症状とは使い分けている。

患者とのやり取り—Psycho

医：相談員のFさんにはどんなことを相談していたのですか？

D：Eが腹痛を言い訳に学校に行きたがらなくなって……最近は学校を休むことも増えていて……。そのことを相談していました。うちはEが小さいころに離婚しているので、母子家庭です……。でも、そのためにEに嫌な思いをさせたくないと思って、仕事も家事も、Eの学校のこともしっかりこなしてきました。こんなに大事に育ててきたのに……。正直言うと、なぜEが学校に行きたがらないのか、私にはいまだによくわからないんです。

医：仕事もご家庭のことも一生懸命取り組んでいらっしゃるのですね。そんななかEくんが毎日のようにおなかが痛くなって、そ

のせいで学校に行けない日も増えていて、Dさんもさぞかし心配でしょう。Eくんは内科的には異常はないそうですが、Eくんの腹痛が続いていることや、学校に行けない日が増えていることについて、Dさんなりのご意見やお考えがあれば、教えていただけませんか？

ポイント解説

相談内容からDとEの関係性に注目したくなりますが、初めは相談者であるD自身を深く知る必要があります。成育歴聴取などもぜひ検討してみてください。

ところで、Dが「学校を休んだことがなく」「登校をしぶるEの心理を理解することができない」のはなぜでしょうか？ 相談員が聴取した内容から、Dは真面目で完璧主義な一方で、サポーターが少なく、一人で抱え込む傾向があるとわかっています。それを「一人で完璧にこなしている」と認識しており、負けず嫌いな部分も感じられます。また、夫と離婚しており親族との交流も少ない様子で、他者とのコミュニケーションが苦手な印象です。このDのコミュニケーションスキルの問題は、前述した完璧主義や負けず嫌いが招いたものなのか、自閉スペクトラム症（ASD）傾向なども念頭に置くべきものなのか、情報を増やし慎重に評価する必要があると思います。

また、現在のDの気分不調についても評価が必要です。Dが身体症状への心因の関与を否認していたとしても、つらい気持ちや気分不調そのものをDは完全に無視することはできないはずですし、実際に診察でもつらい気持ちを吐露しています。診察でDがつらい気持ちを素直に表出できるようになると、自然とEの悩みも話題に出しやすくなるでしょう。心療内科的なアプローチを深める良い契機になるため、共感的に傾聴する姿勢を意識して接します。

● 患者とのやり取り―Social ●

D：Eは、おなかが痛いから学校に行けないと言うのです。すごく痛くてつらそうで、当然、初めは私もすごく心配しました。でも、小児科では特に問題ないと言われて……。それなのにEの腹痛の頻度はどんどん増えて……。Eが遅刻したり学校を休んだりすれば、私も仕事に遅刻したり、休まないといけなくなります。これからどう対応していけばいいのか、本当に悩んでいます。

医：**Eくんもつらいでしょうが、Dさんも毎日のスケジュールが立たずに大変ですよね。職場に遅刻したり仕事がはかどらなかったりしてお困りのこともあるでしょう。**

D：そうなんです……。子どもの不調といっても、頻繁に遅刻や欠勤をすれば職場で肩身が狭くもなりますし……。ついイライラしてしまって、「病気じゃないなら、おなかが痛くても我慢しなさい」「早く学校に行きなさい」などとEを怒鳴ってしまうこともあって……。

　最近は休日でもEはあまり笑わないし、私との会話も減った気がします。私を避けているのかな……。私の態度って、虐待でしょうか？ Eの学校の先生にも相談したいのですが、学校から私が悪いと指摘されるのも怖くて……。

ポイント解説

Eの登校しぶりが長期化し、Dの仕事にも影響が及び、悩みは深まるばかりです。Dは友人・知人が少ないようですが、身近に相談できる人（支援者）はいるのか、医療・福祉の立場で介入可能なポイントはあるのか、確認が必要です。

また、Dからの情報や教育センターでのEの面接の様子から、EにはASD傾向がうかがわれます。Eとクラスメイトとのトラブルもその特性が影響していた可能性が高く、Eも小児精神科などで医学的な評価が必要と考えます。特性に合わせた対応には、学校との連携も必要でしょう。Eへの治療・支援としての介入は当然ですし、DがEへの理解を深め、より良い関わり方を模索するためにも、担任教諭、保健教諭、スクールカウンセラーなどとの連携はとても重要です。

Dの「Eへの虐待に対する不安」は、DとE双方の診察、心理面接の情報を擦り合わせて総合評価する必要があります（DとEとの主治医間での連携が必要となる場合もあります）。その結果、虐待のリスクがあれば速やかな介入を要しますが、実際には虐待までは至らないケースのほうが多いと考えます。ただし「このままでは子どもを虐待してしまうかもしれない」と悩むほどにDが追い込まれている状況であることは事実です。Dとの治療関係をしっかりと築いたうえで、前向きな支援の検討が必要です。

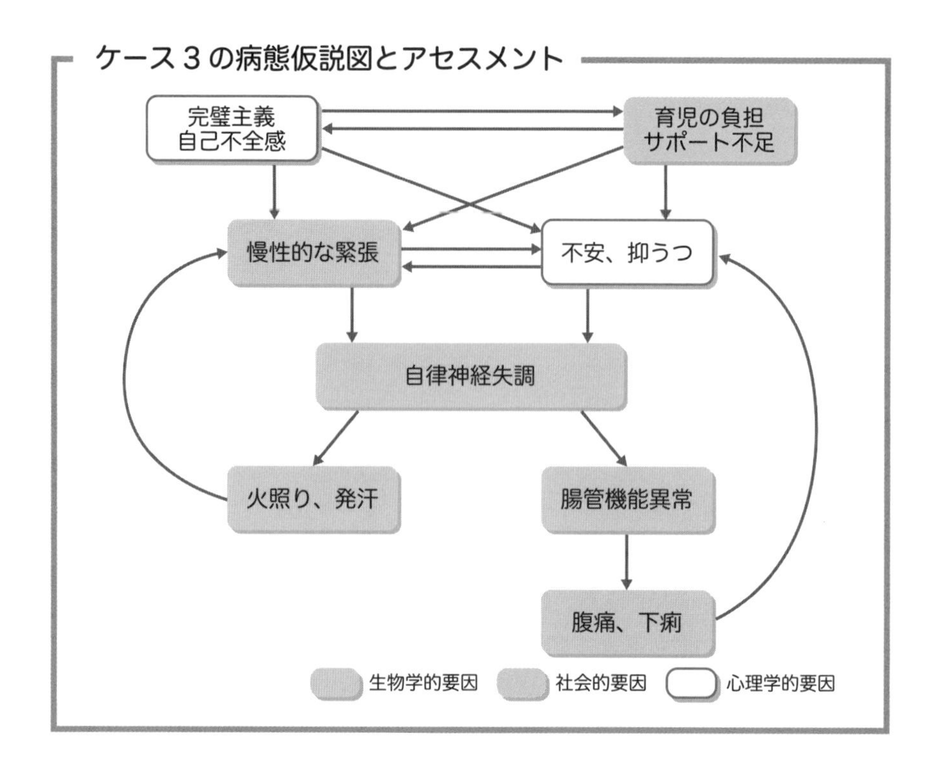

過敏性腸症候群

過敏性腸症候群（IBS）は慢性の腹痛と便通異常を特徴とする機能性消化管疾患であり、**表１**のように国際的な診断基準である Rome IV に基づいて診断されます[1)]。

診断に際しては悪性腫瘍や炎症性腸疾患など器質性疾患を除外する必要があり[2)]、血液検査、下部消化管内視鏡検査、腹部 CT 検査など内科的精査が不可欠です。

IBS の主たる病態の一つに「脳腸相関」があり、自律神経系や神経内分泌系などを介して脳と消化管が相互に影響し合うことが知られています[3)]。日本心身医学会では心身症の定義を「身体疾患の中で、その発症や経過に心理社会的因子が密接に関与し、器質的ないし機能的障害が認められる病態」としており[4)]、IBS は代表的な消化器心身症として知られています。

表1　IBS診断基準

繰り返す腹痛が最近3カ月の中で平均して1週間につき少なくとも1日以上を占め、下記の2項目以上の特徴を示す 1. 排便に関連する 2. 排便頻度の変化に関連する 3. 便形状（外観）の変化に関連する ※少なくとも診断の6カ月以上前に症状が出現し、最近3カ月間は基準を満たす必要がある

（文献1を参考に作成）

実際にIBS患者の症状が生活上のストレスによって出現または増悪することは日常診療でしばしば経験されますが、具体的にはストレス負荷により視床下部から副腎皮質刺激ホルモン放出ホルモン（Corticotropin-Releasing Hormone；CRH）が過剰放出されることで心理的異常（不安、抑うつなど）が生じ、HPA（視床下部―下垂体―副腎系）軸や自律神経系を介した大腸運動亢進や内臓知覚過敏が誘起されることがさまざまな研究により明らかにされています[5]。

IBSの治療は3段階からなる『機能性消化管疾患診療ガイドライン2020』に沿って進められます[6]。第1段階（図1）[6]はプライマリ・ケアにおける治療戦略で、病型を問わず食事や生活習慣の改善を指導し、病型分類や優勢症状に基づいて主に消化管をターゲットにした薬物療法が行われます。第1段階での治療が無効あるいは不十分であれば、第2段階（図2）[6]に移り中枢神経系の調整を含む治療が行われます。不安や抑うつなど心理的異常に対し抗不安薬や抗うつ薬など向精神薬を追加し、患者のストレスマネジメントについての助言など簡易精神療法も行われます。第3段階は大学病院など消化管機能検査や専門的な心理療法（催眠療法、認知行動療法など）を行える施設で治療を進めていきます。

自律神経失調症

自律神経失調症とは自律神経がストレスによって正常に機能しないことで

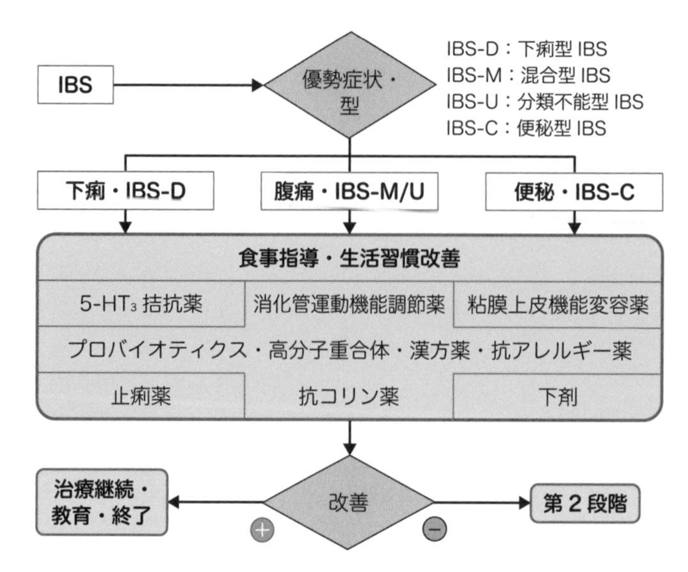

図 1　IBS の治療ガイドライン：第 1 段階

「日本消化器病学会編：機能性消化管疾患診療ガイドライン 2020 ―過敏性腸症候群（IBS），改訂第 2 版 , p.xx, 2020, 南江堂」より許諾を得て転載

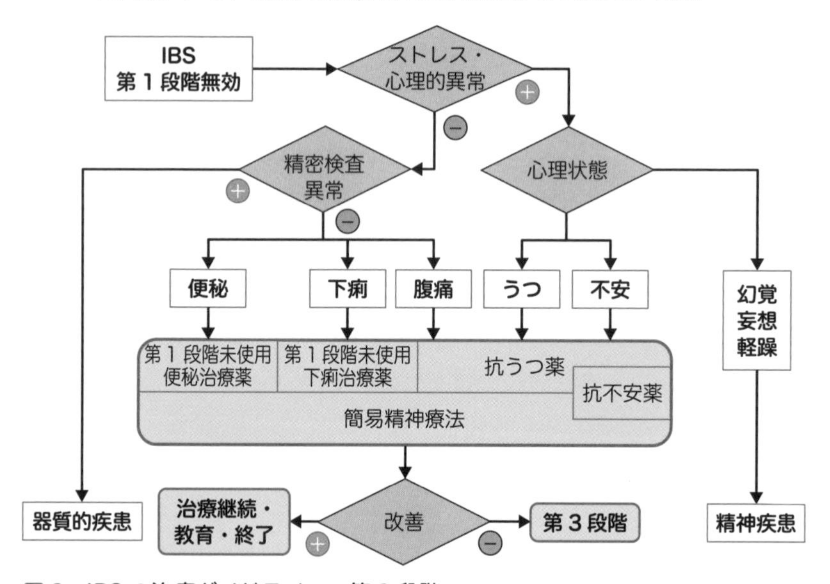

図 2　IBS の治療ガイドライン：第 2 段階

「日本消化器病学会編：機能性消化管疾患診療ガイドライン 2020 ―過敏性腸症候群（IBS），改訂第 2 版 , p.xxi, 2020, 南江堂」より許諾を得て転載

起こるさまざまな症状の総称であり、厳密には疾患名ではないことに注意が必要です。

自律神経は交感神経と副交感神経の２つに分かれていますが、それぞれ相反する機能を有しています。交感神経は身体を活発に動かすときに、副交感神経は身体を休めるときに働いており、これらが互いにバランスを取りながら身体機能を調節しています。このバランスがストレスや更年期障害などの原因で崩れることで、多彩な身体症状（倦怠感、頭痛、動悸、息切れ、発汗、火照り、めまいなど）が生じます。こうした自律神経症状は、不安障害やうつ病など精神疾患の身体（化）症状として現れることがあります。

具体的な機序としては、先ほど述べたようにストレス負荷により視床下部からCRHが過剰放出され、交感神経活動が亢進することでノルアドレナリンが分泌され、個々の器官における症状が現れます[7]。また更年期障害では卵巣機能低下に伴う女性ホルモン減少によって二次的にHPA軸の機能異常が生じ、やはり多様な症状を引き起こします。

治療としては、まずストレスなど原因となるものを是正することが必要です。薬物療法は基本的には対症療法ですが、ストレスや不安・抑うつ症状が強い場合には抗うつ薬や抗不安薬などの使用が効果的な場合があります。

本症例におけるアプローチ

● Dへの介入

本症例をBPSモデルに基づいて分析すると、介入の中心はSocialへのアプローチということになりそうです。夫との離婚、頼れる親族がいないことによる育児の負担とサポート不足、完璧主義により理想とする育児と現実に隔たりを感じ自己不全感に悩まされることで、慢性的なストレス負荷および緊張状態にあると推察されます。これにより自律神経機能のバランスが崩れ、身体化として、IBS症状や火照り、発汗といった自律神経失調症状が現れていると考えられます。

先に示した『機能性消化管疾患診療ガイドライン2020』に沿ってDの治

療を考えると、まず第1段階における消化管運動機能調節薬を中心とした薬物療法を行うことになりますが、本質的な問題が環境および心理的要因にある以上は効果不十分であることが予想されます。よって実際には第2段階における抗うつ薬や抗不安薬を中心とした薬物療法に加え、ストレスマネジメントなどの心理療法を併用した治療が必要になると考えます。

抗うつ薬については無作為比較対照試験が実施され、メタ解析により三環系抗うつ薬と選択的セロトニン再取り込み阻害薬（SSRI）の有効性[8, 9]が示されていますが、三環系抗うつ薬には便秘や口渇など抗コリン作用による副作用、SSRIには悪心の副作用があり注意が必要です。ベンゾジアゼピン系抗不安薬も有効ですが、常用量依存の問題点があり、慎重に使用すべきです。

心理療法についてはストレスマネジメント、認知行動療法、対人関係療法、催眠療法などがメタ解析され一定の効果が示されており[10, 11]、また実際の臨床では自律訓練法も効果が期待できるとされています[12]。IBSの重症度は併存する心理的異常の強さに比例する[8]ことからも心理療法は有用です。うつ性自己評価尺度（Self-rating Depression Scale；SDS)、状態・特性不安尺度（State-Trait Anxiety Inventory；STAI）などの心理検査で精神状態を評価し、個々の心理的背景に合わせた心理療法の選択が望まれます。

●Eへの介入

本症例ではDだけでなく、Eについても治療や支援が必要でしょう。前述の通り、EにはASDの傾向がうかがわれます。ASDでは興味の偏り、自分のルール、こだわりなどにより、ほかの同年齢の児と同じように振る舞うのが苦手であるため、学校など集団生活への適応が困難な傾向があります。その結果、クラスメイトとのコミュニケーションがうまく取れないことで学校不適応となり、自分の内面を的確に言語化できないことで身体化しやすいと推察されます。

ASDなど発達障害児の身体症状は、「もともとの身体過敏性」「不適応からくる身体化症状」「こだわりによる身体症状への固着」により症状が遷延しやすいことが指摘されています[13]。また近年ではASDと消化器症状との関連が注目されており、ASD児の22.7%に何らかの消化器症状があり、特に便秘と下痢が多かったとの報告があります[14)]。

Dとしては登校しぶりや腹痛などEの病状の原因を理解できていないことで悩み、結果的に母子関係に悪影響を及ぼしていると思われます。そういう点ではDに対して、自分だけでなくEの病態についても疾患教育が必要であり、発達障害者支援センターなどの専門施設でサポートを受けることで心理的負担の軽減が期待できます。Eについても発達特性の評価とともに、別室登校など学校側が配慮し、学校と家庭の連携を強化するなどのサポート体制が重要となります。また治療的アプローチとして、日常生活や学校生活における緊張をほぐす目的で、遊戯療法などの心理療法を行うのも有用と考えます。

引用・参考文献

1) Lacy, BE. et al. Bowel Disorders. Gastroenterology. 150(6), 2016, 1393-407.
2) Drossman, DA. et al. Rome IV-Functional GI Disorders：Disorders of Gut-Brain Interaction. 前掲書 1). 1257-61.
3) 金子宏ほか. 過敏性腸症候群（IBS）の病態・診断・治療. 日本内科学会雑誌. 102(1), 2013, 70-6.
4) 小牧元ほか. 心身症診断・治療ガイドライン 2006. 東京, 協和企画, 2006, 358p.
5) Fukudo, S. et al. Impact of corticotropin-releasing hormone on gastrointestinal motility and adrenocorticotropic hormone in normal controls and patients with irritable bowel syndrome. Gut. 42(6), 1998, 845-9.
6) 日本消化器病学会編. "フローチャート". 機能性消化管疾患診療ガイドライン 2020：過敏性腸症候群（IBS). 改訂第2版. 東京, 日本消化器病学会, 2020, xvi-xxii.
7) 出村博. ストレスとホルモン. 日本内分泌学会雑誌. 70(5), 1994, 479-88.
8) Fukudo, S. et al. Evidence-based clinical practice guidelines for irritable bowel syndrome. J Gastroenterol. 50(1), 2015, 11-30.
9) Ruepert, L. et al. Bulking agents, antispasmodics and antidepressants for the treatment of irritable bowel syndrome. Cochrane Database Syst Rev. 8, 2011, CD003460.
10) Ford, AC. et al. Effect of antidepressants and psychological therapies, including hypnotherapy, in irritable bowel syndrome：systematic review and meta-analysis. Am J Gastroenterol. 109(9), 2014, 1350-65.
11) Zijdenbos, IL. et al. Psychological treatments for the management of irritable bowel syndrome. Cochrane Database Syst Rev. 1, 2009, CD006442.
12) Shinozaki, M. et al. Effect of autogenic training on general improvement in patients with irritable bowel syndrome：a randomized controlled trial. Appl Psychophysiol Biofeedback. 35(3), 2010, 189-98.
13) 中村晃士ほか. 発達障害患者における身体化の三重構造. 心身医学. 54(12), 2014, 1105-10.
14) Nikolov, RN. et al. Gastrointestinal symptoms in a sample of children with pervasive developmental disorders. J Autism Dev Disord. 39(3), 2009, 405-13.

（町田知美・町田貴胤）

コラム ⑤機能性は「気のせい」？

本文の随所に器質性疾患と機能性疾患という言葉が出てきます。器質性とは、炎症（赤く腫れていたり、熱を持っていたり、触ると痛かったり）、腫瘍、骨折、変形など、解剖・生理学的な変化を伴うものをいいます（病理学的な変化ともいえます）。これらは採血や画像検査など、一般的な検査で捉えられる変化であることが多いです。一方、機能性とは、腸や筋肉（特に平滑筋）の動きの異常であったり、神経の過敏性であったり見えにくいものをいいます。これは一般的な検査では捉えられず（自分にも相手にも見えにくい）、またストレスや自律神経もたしかに関与していることが多いため、機能性疾患は「気のせい」といわれ、「心因性」というレッテルを貼られやすいのです。

機能性疾患で有名なものを挙げます。機能性頭痛と呼ばれる「緊張型頭痛」「片頭痛」「群発頭痛」、機能性消化管疾患と呼ばれる「機能性ディスペプシア」「過敏性腸症候群」、コロナ禍で熱を測る人口が増えたことと感染拡大下のストレスで有名になった「機能性高体温症」、さまざまな部位が痛くなる「線維筋痛症」を含む「慢性疼痛」などがあります。機能性ディスペプシアはかつて「神経性胃炎」などと呼ばれていました。医学の発展とともに胃の動きの問題、胃粘膜の微小な変化などが明らかとなり、「神経性」ではなく「機能性」という、より正しい名前に変わったという経緯があります。

「一般的な検査でわからない（見えない）」イコール「心因性」というのは非常に短絡的で誤った認識です。第１章１（p.37）などで紹介されていた筋電図や、第４章２（p.170・171）の手掌発汗をみる検査（スキンコンダクタンス）を行えば、見えていなかったものが見えるようになり、「たしかにこれは機能的におかしいね」と、異常さを共有できるようになります。緊張は機能性疾患を引き起こす現象のため、併せて理解を深めましょう。

（山根 朗）

第4章

緊張に対する治療・アプローチ

第4章　緊張に対する治療・アプローチ

1 BPS モデルに基づく治療・アプローチ

これまで見てきたように、緊張は身体的、心理的、社会（関係性など）的にと、さまざまな形で現れます。原因・背景となるものや、緊張の現れ方、また維持されるメカニズムも多様です。そのため、緊張だけを見ていても、その人が緊張を示すようになった全体像は見えてきませんし、治療や解決に向けたアプローチもわからないままになってしまいます。そこで第3章（p.114〜）では、BPS モデルを用いて、病態仮説図を作成して緊張の全体像を把握することを試みました。

3つの視点・方向性からのアプローチ

この第4章では、第3章で明らかになった3つのケースの緊張の全体像・メカニズムを念頭に、緊張を解消・低減させるアプローチ方法について解説します。緊張の原因・背景や現れ方、また維持されるメカニズムなどが多様であるため、緊張に対する治療・アプローチも多様です。しかし、基本的な考え方は、やはり BPS モデルとなります。つまり、緊張に対して、身体的な面、心理的な面、社会（関係性）的な面の3つの視点・方向性からアプローチしていきます。

身体的なアプローチとして、筋緊張に対しては、リラクセーションを行うことで筋弛緩を促すことができます（p.163〜）。また、緊張型頭痛に対しては筋弛緩薬や鎮痛薬、過敏性腸症候群に対しては過度な腸の動きを止める抗コリン薬のように、対処療法的に薬物を用いることもあります。

心理的なアプローチとしては、不安や恐怖などの否定的な感情やそれを生み出している不適切な（偏った）認知に対して、認知行動療法を用いることが有効です（p.174〜）。もちろん、受容や共感に基づくカウンセリングも、緊張を和らげ、不安を低減させることができると考えられます。子どもに対しては、遊びを通して緊張を和らげる遊戯療法（p.184～）や、絵を描いたり歌ったりする芸術療法も効果的です。そのほか、手のひらに「人」という漢字を3回書いてのみ込む、大声を出す、深呼吸をするなど、その人なりの緊張の対処方法を身に付けることも有用です。

社会（関係性）的なアプローチでは、環境調整が基本となります（p.195～）。緊張は、その人の特性と環境・状況のミスマッチによっても生じます。いくら緊張している人に対してアプローチしても、環境が変わらなければ、緊張が再発することが考えられます。また、緊張を感じている時点では本人が利用していない社会的資源がたくさんある場合があります。緊張が生じている状況に、新たに社会的資源（物、情報、人など）を加えることで、環境・状況が変わり、システム全体の変化につながり、緊張の低減につながることもあります。

アプローチ効果を十分に得るために

このように、緊張に対するアプローチにはさまざまなものが考えられます。しかし、これらを一つだけ行っても、十分な効果（緊張の低減）は生じにくいかもしれません。それは、（繰り返しになりますが）緊張の原因・背景や現れ方、維持されるメカニズムなどが多様であるためです。これらが多様なのに、解決策が一つとは考えられません。むしろ、これらのさまざまなアプローチを組み合わせることが有効となります。そのため支援者側に求められるのは、多職種連携です。例えば、心理職がいくら認知行動療法を行っても十分な効果が得られないとき、医師などに対して身体的なアプローチを試みてもらったり、医療ソーシャルワーカーなどに環境調整を求めたりすることもあるでしょう。医師から心理職に対して心理的な支援をオーダーされることもあります。このように、多職種と連携し、多面的なアプローチを同時並行的に、また継続的に行うことで、緊張が解消・低減していくと考えられます（図1）。

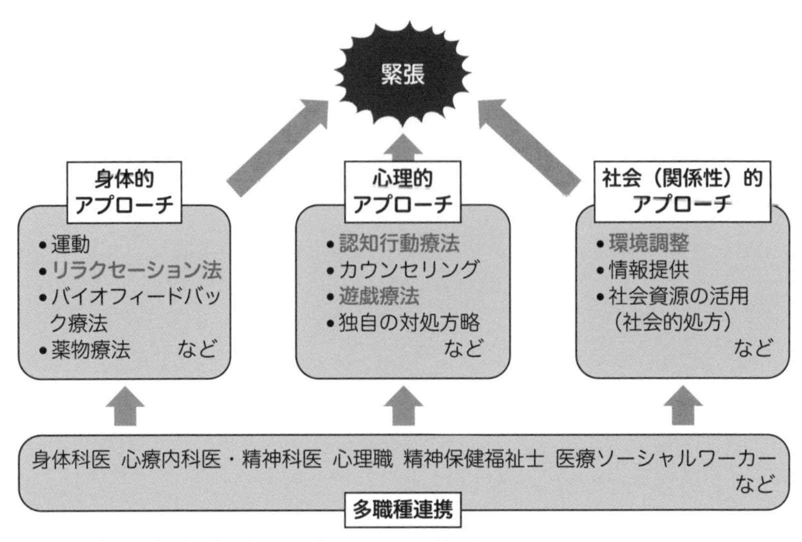

図１　緊張に対する治療・アプローチの全体像
太字は第４章で扱うもの

ここで重要となるのが、支援者が緊張をしないことです。新しい来談者（患者、クライエントなど）と会うとき、多職種の人たちと情報共有・連携するときなど、支援者の活動のなかでも緊張が生じうる場面は多々あります。面談・面接の場面で支援者が緊張していては、その緊張を来談者が感じ取り、来談者も緊張してしまいます。多職種の人たちとの情報共有・連携の場面で支援者が緊張していては、十分な情報共有・連携ができず、結果として、来談者に不利益が生じます。支援者の緊張は、経験を積み、慣れていくなかである程度は低減すると考えられますが、あらためて目を向ける必要があるでしょう（p.203～）。

現場では、病態仮説図を用いたアセスメントを通して来談者の緊張を把握し、適切なアプローチを選択し、組み合わせていくことが求められます。本書で示したものは緊張に対する多様な治療・アプローチの一部ですが、これらを理解し、実践することによって、より緊張についての理解が深まると考えます。

（髙坂康雅・山根 朗）

2 身体的アプローチ

これまで述べてきた通り、緊張は心身一如な現象であるため、身体的アプローチも有効です。本項では、主に骨格筋（骨格筋以外に心筋と平滑筋があります）に起こる筋緊張をいかにして弛緩させるかについて説明します。

骨格筋は、運動神経（体性神経）で収縮・弛緩し、感覚神経（体性神経）でそれらに伴う感覚を捉えます。随意な神経であるにもかかわらず、私たちは知らない間に骨格筋を緊張させ（脳の影響）、無意識的に感覚を取捨選択しています。椅子に座っているときに殿部の筋肉が押されている感覚を意識し続けている人はいないでしょうし、目上の人と話しているときに、気持ちの緊張と相まって、呼吸数が増加したり肩がこわばっていたりすることに気付いている人は少ないと思います。つまり、私たちの身体は気付かずに筋緊張し、それに対する感覚にも意識を向けていないといえます。そしてそれは、身体症状や身体疾患の悪化につながることもあります。忙しいときや焦っているとき、知らない間に肩凝りや節々の痛みが悪化していたり、急いで食事をとってしまい胃が痛くなったりするのはそのためです。したがって「筋緊張」を自覚するところから治療を始め、そして自分の意志（脳の影響）で筋緊張を弛緩できるようにしていきます。その工夫や訓練が、身体的アプローチとなります。

ここでは、場合によっては心理的アプローチと分類されることもありますが、身体の感覚を大切にする４つのアプローチを身体的アプローチとして紹介します。運動療法やヨガ、太極拳も大切な方法ですが、紙面の関係上、扱いません。

リラクセーション法（呼吸法、漸進的筋弛緩法、自律訓練法）

●呼吸法

呼吸法は、緊張やストレスを軽減させるうえで重要です。簡単に実施でき、すべてのリラクセーション法の基礎となります。深呼吸や腹式呼吸だけでも立派な呼吸法ですが、実際に患者に指導してみると、なかなかすぐにできない人がいます。息を吸うときに肩や首あたりに余分な力が入ってしまい胸式呼吸になる人もいれば、また、息を吐くときに力が入ってしまいうまく弛緩できない人もいます。診察室やカウンセリングルームでは緊張してしまうからかもしれません。呼吸法に取り組みやすいようにパンフレットを渡したり、動画を紹介したりして、自宅や患者にとって安心できる場で取り組んでもらえるような配慮が必要です。

ケース1 のように、緊張しているときや不安なとき、苦しい・痛いときは呼吸が浅くなりがちです。速くて浅い呼吸は息苦しさを助長し、症状を余計に悪化させることがあります。呼吸法は、感情を調整し、筋肉を弛緩させ、ストレスレベルを低下させるのに役立ちます。ほかのリラクセーション法と組み合わせて使用する場合が多いので、しっかり習得して指導できるようにしましょう。いくつかの呼吸法を**表1**に挙げます。

患者には、まずは必ず**表1**に挙げたような型から入り、慣れてきたら、型に縛られないようにすることが大切であると伝えましょう。自分なりの呼吸法をすでに持っている人もいますので、むげに否定しないようにします。「こうすべき」や「正しい方法は何だろう」と考えすぎるとぎこちない呼吸になり、かえって息苦しく感じさせてしまいます。そのようなときはいったん呼吸法から離れ、元の状態に戻すよう指導します。

呼吸法のなかには、身体の各部位を意識していくものもあります。自分の身体に力が入っていることに気付かせ、「このあたりの力を抜きたい」と身体に意識を向けてもらい、呼吸をさせながら（あるいは身体を動かしてもらいながら）緩めていきます。息を吐くときに筋肉が弛緩するので、吐くと同時に各部分が緩んでいくイメージを持ってもらいます。ゆっくり声をかけた

表1　呼吸法の方法

呼吸法	方法
腹式呼吸	横隔膜を起点とした呼吸で、楽な姿勢／臥位（座位でもかまわない）。両手はおなかの上か置きやすい場所に優しく置く。鼻から息を吸い込むとき、胸ではなくおなかを膨らませるように吸う。速すぎず力みすぎずゆったり吸う。吐き出すときは、ゆっくりと力みすぎず吐ききる意識で行う
胸式呼吸	胸郭をしっかり動かしながら深呼吸する。腹式呼吸と同じような形で行う。「ラジオ体操第１」の冒頭部分のイメージ
１：２呼吸法	鼻から約４秒間かけてゆっくり息を吸い込み、その２倍の時間（約８秒間）をかけて口からゆっくり吐き出す。最もシンプルな呼吸法
ボックス呼吸法	息を４秒間吸い、４秒間止め、４秒間吐き、４秒間止める。これを繰り返す

り柔らかい口調で語りかけたり、支援者が発する一言にその雰囲気を含ませます。支援者側も同じように身体を緩めながら声かけをするとより効果的です。頚肩部の脱力なら両腕全体が重だるくなるようなイメージで、おなかであれば内臓がぐた〜っとなるイメージを持って息を吐かせることがポイントです。身振り手振りを加えながら説明するとイメージが共有しやすくなります。また、弛緩させたい部位を意識させず、弛緩させたい部位からあえて遠い身体の部位を意識して脱力させることもあります。椅子に座った状態で呼吸法を指導している状況をイメージしてみてください。上半身の力を抜くときに、足の裏に意識を向けてもらったり、足の裏よりももっと下の地面を意識させたりすることもあります（ヨガに近いかもしれません）。患者にとってどんな声かけをすると力が抜けていくのか、よく観察し、反応を見ながら指導しましょう。

これは呼吸法に限りませんが、支援者として大切なのは、患者を観察し、うまくいっている点や問題点を捉え、まさにいま、弛緩や心地よさを体感しているだろうなと思えるときに、「そうそう」「上手、上手」と肯定することです。患者は「これでうまくできているのか」「思っていたよりもなかなか力が抜けない」と感じていることが多いです。うまくできている部分をフィードバックしたり、弛緩できていない部分をポンポンと軽くたたき、「ここの力を抜きましょう」と指摘したりしながら、弛緩できたときには「そうそう」と伝えましょう。そのときに共有した「力の抜けた感覚」が大切で、それを頼りに練習してもらいます。

●漸進的筋弛緩法（Progressive Muscle Relaxation；PMR）

質の高い無作為比較対照試験のエビデンスはほぼありませんが、有害事象が少なく、特別な機器を使って行うものでもないため、非常に取り組みやすいと考えます。PMR もさまざまな方法が提案されていますが、実施の要点（8 割程度の筋収縮→脱力→その感覚をしっかり味わう）は、すべて同じです。筋肉を急に緩めるのが難しい人が意外と多いため、一度しっかり力を入れてから弛緩させていきます。こちらも患者を観察し、うまくできているかどうかを伝えてあげましょう。最も大事なことは脱力後の時間です。しっかりと力が抜けると、手や足、首・肩を重だるく感じたり、ジーンと軽くしびれる感覚や血液が溜まってくるような感覚を持ったりします。その感覚をじっくり味わう時間を確保することが指導において大切です。前もって PMR の全体的な説明をするときに脱力時の要点を伝えておきましょう。

一つの例として北原雅樹先生（横浜市立大学附属市民総合医療センター）の動画を紹介します（p.173 に動画リンクを掲載します）。

●自律訓練法（Autogenic Training；AT）

AT は催眠法の研究から創られたリラクセーション法です。手順を**図 1**[1]に示します。1930 年代のドイツで始まり、現在では日本の各地で行われ、医療機関では保険が効く治療法として知られています。AT は、身体と心の相互作用に注目し、身体感覚に関連した自己暗示（「気持ちが落ち着いている」「両腕が重たい」など）によって心身のリラックス効果を得て、自律神経を安定させることでさまざまな症状を軽減させます。

研究により、この方法は不安、緊張、抑うつ、ストレスによる症状を軽減するのに役立つことが示されています[2]。血圧を下げ、筋肉の緊張を和らげ、手指末端の温度を上昇させ、睡眠の質を向上させる効果も期待できます。

AT も練習が必須です。毎日 3 回、1〜2 カ月続けることが必要とされていますが、しっかり取り組めば誰でも効果を期待できます。指導のため、また自分の癒やしのためにも、まずは指導者自身が体験するのが望ましいでしょう。慣れるまでは静かで安全な場所を選び、楽な服装とゆったりできる体

【ATの公式一覧】※公式とは、教示のこと

公式	心の中で繰り返して唱える言葉	注意点
背景公式	「気持ちが落ち着いている」	呼吸法を行いながらするとよい
第一公式（四肢の重感練習）	「両腕（両脚）が重たい」	片腕（脚）ずつ行う場合もある
第二公式（四肢の温感練習）	「両腕（両脚）が温かい」	片腕（脚）ずつ行う場合もある
第三公式（心臓調整練習）	「心臓が静かに規則正しく打っている」	
第四公式（呼吸調整練習）	「楽に息をしている」	
第五公式（腹部温感練習）	「おなかが温かい」	
第六公式（額部涼感練習）	「額が心地よく涼しい」	

第三〜第六公式は応用のため、第二公式までをしっかり取り組むだけでもよい

【方法】

まずは背景公式を、声に出さずに心の中で繰り返す。「気持ちが落ち着いている、気持ちが落ち着いている、気持ちが落ち着いている……」（繰り返す）。気持ちを整えるための背景公式のため、深呼吸をしたり、身体を動かしてベストポジションを探す

第一公式に移る。何となく両腕に意識を向けてもらう。ぼ〜っとした意識を向けながら、心の中で第一公式を唱える。「両腕が重たい、両腕が重たい、両腕が重たい……」（繰り返す）。片腕、片脚ずつ行う場合もある。重感練習を習得すれば、第二公式（四肢の温感練習）に移る

終了時には消去動作を行う。
消去動作：手をグーパーと開いたり閉じたりする→両腕の屈伸運動を行う→大きく身体全体で伸びをする。ぐ〜っと全身に力を入れる

背景公式から消去動作までを3分弱で行う。これを3回続けて1セットとし、朝・昼・夜・眠前と3〜4セットを毎日行うのがよいとされている。時間が確保できない人などには、可能な範囲で続けることを大切にするよう伝える

注意点
- 真面目な人は「気持ちを落ち着かせなくては」と考えがちだが、無理に落ち着こうとする必要はないことを伝える
- 練習中、不安やイライラ、緊張が余計に強まる場合は、消去動作をして中止する。実施するタイミングを変更する
- 公式の言葉は勝手に変更してはいけない
- 重感を感じにくい人には、「重たさを感じても、感じなくてもいいや」くらいに考えてよいこと、ただ何となく腕に意識を向けながら練習することを伝える。これは、「受動的な意識集中」といい、自律訓練法における重要な態度である

図1　ATの公式一覧と方法

（文献1を参考に作成）

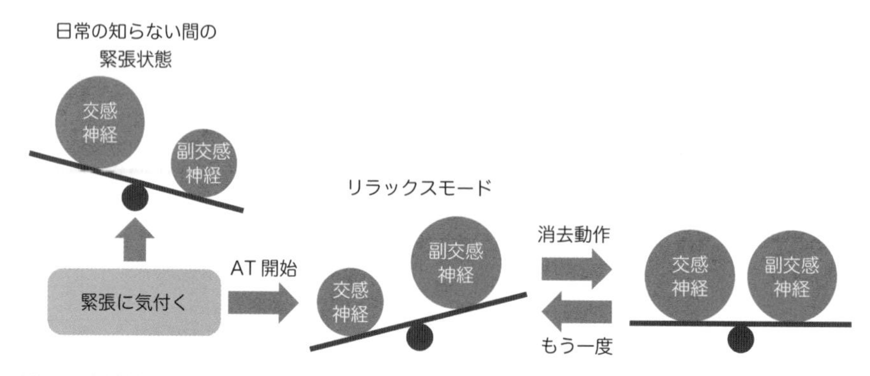

図2　自律神経のコントロールのイメージ
「緊張に気付いて、副交感神経系を高め、消去動作で戻し、また副交感神経系を高め、また戻す」プロセスを繰り返すことでスムーズな切り替えができるようになる

勢で行います。横になっても座った状態でもかまいません。基本的には目を閉じたほうが行いやすいと思いますが、怖い人は開けたままでもよいです。慣れてくればさまざまな場所で実施してみましょう（血圧が極端に下がる可能性があるため、浴室は避けてください）。

ATを習得すると、**図2**のように、「緊張に気付いて、副交感神経系を高め、消去動作で戻し、また副交感神経系を高め、また戻す」プロセスを繰り返すことでスムーズな切り替えができるようになります。自律神経はオートマチックな神経だと他章で説明したように、大脳の学習を用いれば、このようにある程度コントロールができるようになります。慣れてくれば瞬間的に「リラックスモード」に入ることができ、筆者も重宝しています。うまく実践できるようになれば、症状があるときに薬を頓服するように、緊張を感じたときに実施すればよいでしょう。実際の方法は公開されている動画で確認してください（p.173に動画リンクを掲載します）。

マインドフルネス

身体感覚を利用したり身体そのものを動かしたりするため、身体的アプローチとして紹介します。「価値判断せずにただ観察する」取り組みのなかで、増悪因子となるとらわれから解放され、症状を受容できる穏やかさが育まれることもあります。いま、この瞬間を慈しむことができるようになるプロセスで、自然と緊張が緩んでいきます。マインドフルネスを直訳すると「気を払うこと」「注意を向けること」などの意味になりますが、「いま、この瞬間の体験に意図的に意識を向け、評価をせずに、とらわれのない状態で、ただ観ること」と解説されています[3)]。

1979年、ジョン・カバット・ジンはマサチューセッツ大学にマインドフルネスセンター（ストレス低減センター）を創設し、医療において利用可能とするために、宗教色を排除した瞑想方法をマインドフルネス瞑想として世界に発信しました。それが現在、マインドフルネスストレス低減法(Mindfulness-Based Stress Reduction；MBSR）としてプログラム化されて世界に広がっています。8週間にわたる全9回のセッション（合計31時間）の中で、瞑想（食べる瞑想、静座瞑想、歩行瞑想）やヨガ、ボディスキャンといった自分の身体への詳細で精緻な観察などを行います。また、自宅での取り組みも重要なプログラムの一部です（合計42〜48時間）。

日本でMBSRを実践・研究している伊藤 靖先生によると、MBSRを実践するためには、①健康のためにすべきToDoの一つではなく、マインドフルな観察を人生における新たな冒険・チャレンジと捉えること、②個々の努力・やる気・実践が強調されること、③正式な実践のために生活習慣の改変がただちに必要になること、④一瞬・一瞬を自覚することの重要性、⑤治療よりも教育の志向、学習と実践における参加者の相互支援の場所として期間限定のクラスが大切であること、⑥特別な診断などに特化せず多様な集団を対象とすることの「6原則」を紹介しています[4)]。緊張している身体を緩めたり、落ち着かせたりする取り組みではありません。その意味でほかのアプローチと異なります。

バイオフィードバック療法（Biofeedback 療法；BF 療法）

Bio（生体）の情報（自律神経が関係する生理機能や筋緊張、脳波など）を可視化（例えばモニターで変動を見える化する）させて、患者に返す（フィードバックする）方法論をバイオフィードバックといいます。そして、通常の医学的検査（採血やCT／MRIなどの画像検査）では測ることができなかった自律神経機能やストレスの影響を「見える化」させて共有し、治療に応用するのがBF療法です。どのような生理学的指標を計測するかを**表2**に示します。

図3の上段は筋電図です。山なりに上昇しているところが筋緊張の強い部分です。下段左はスキンコンダクタンス（情動性発汗）、下段右は手の皮膚温を示しています。これは正常反応を捉えたものですが、正常であっても、自覚していない筋緊張や心の緊張を和らげる練習を行うことができます。呼吸法やPMRをBFと併せて可視化しながら行うことで筋弛緩の効率が上がります。

自律神経や筋肉のこわばりは症状に影響を与えるにもかかわらず、こういった方法は一般内科ではほとんど知られていません。BF療法を用いることで、「知らない間に疲れている」「身体に力が入っているが脱力できない」「痛みの原因を知りたい」などの期待に応えることができます。1章1の**図5**（p.38）では、姿勢によって変化する筋緊張が示されました。BFを用いることで姿勢が負担になっていたことに気付き、姿勢を変えています（弛緩）。ほかのアプローチとは異なり、緊張や交感神経の興奮状態を唯一可視化できるため、患者自身で自己調整できるようアシストしていきます。特に**ケース1**の呼吸筋の筋弛緩や、**ケース2**の頚肩部の筋弛緩は、筋電図を用いてセルフケアにつなげることが有用だと考えます。実際、東邦大学医療センター大森病院心療内科では緊張型頭痛に対してBF療法を数多く実践し、方法や効果などを発信しています[5)]。

表2　BF療法において計測する生理学的指標

生理学的指標	何を「見える化」しているか
筋電図	筋肉の緊張や弛緩。脳の意識も垣間見える
スキンコンダクタンス（情動性発汗）	指の情動性発汗。昔は、いわゆるうそ発見器で利用されていた
皮膚温	緊張したときの手の冷え。“手に汗握る”ときの反応
容積脈波	自律神経機能や血管の特徴（末梢血管の収縮と拡張から）
呼吸	呼吸パターン（呼吸の浅さ・深さ、速さなどから）
心電図と心拍変動	心拍と自律神経の心臓枝の機能。自律神経機能を見るために良い指標となる

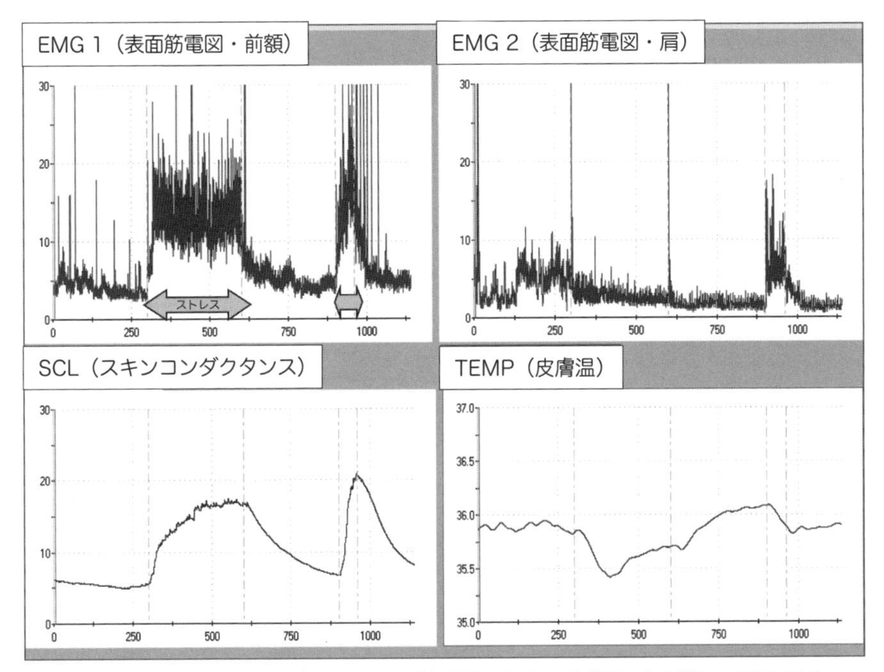

図3　筋電図、スキンコンダクタンス（情動性発汗）、皮膚温（手掌）の正常反応
（神原憲治先生〔香川大学医学部・医学系研究科教授〕より許可を得て掲載）

薬物療法

緊張に対する薬物療法のエビデンスはほとんどありません。カタトニアと呼ばれる緊張病にはベンゾジアゼピン系（やその類似薬）が有効とされます

が、緊張病はさまざまな病態を含むため、その病態に即した治療が重要です。ケース1〜ケース3も同様です。緊張が不安と関連するなら、抗不安薬が候補に挙がりますし、抗不安薬のなかには筋弛緩作用を持つ薬もあります。また緊張の結果として生じている身体症状が、不安や緊張、さまざまなつらさを増強する維持・増悪因子となっているなら、症状を緩和する薬（対症療法）も有効です。しかし、対症療法だけでは解決につながらない場合もあり、注意が必要です。また患者自身が「やってみよう、飲んでみよう」と思えるような提案を意識しなければなりません。

例えば第3章1（p.114〜）ケース1への対応では、筋緊張が痛みや呼吸困難の原因になっており、かつその症状がさらに緊張を強め、悪循環をきたしていると考え、病態の全体像を共有した後に痛み止めやリラクセーション方法をAに提案しています。おそらく不安や交感神経系の興奮・緊張に対しては抗不安薬が、呼吸筋の筋緊張を弛緩させる目的では筋弛緩薬（チザニジン塩酸塩やエペリゾン塩酸塩など）が処方されるでしょう。鎮痛薬も考えられますが、慢性の痛みは機能的な要因が多く、いわゆる鎮痛薬が効きにくい場合が少なくありません。また根本的な解決にならないばかりか、薬しか頼るものがなければ、薬に依存させてしまうことにもなります。そして、大切なこととして、ケース1の医師は患者の背景や傾向がまだ把握できていないと考え、経過を見てからさらなる薬物療法を含めた治療方法を検討するという慎重な姿勢も見受けられます。

第3章2（p.129〜）ケース2への対応は、「市販の鎮痛薬をほぼ毎日内服している」とBが言っていることから、すでに受診時は依存状態にあると考えます。そのため、抗不安薬が著効しても、今度は抗不安薬に依存させてしまう危険性があります。このとき、薬が著効したなら、それをどう「気付き」につなげられるかがポイントとなります。患者の求めだけでは問題は解決せず、全体像を理解しながら、患者が「変わろう」と思えるモチベーションを醸成することが大切です。Bとの会話でも、本人の抵抗に何とか食らいついている医師の姿が特徴的です。患者が心理的介入を受け入れられるまで関係性を保ちつつ、「待つ」姿勢が非常に大切です。

第３章３（p.146〜）ケース３への対応では、抗コリン薬という骨格筋ではなく平滑筋に作用する緊張の弛緩薬が登場します。しかし過敏性腸症候群のなかには、薬物療法だけでは良くならないものもあります。心理社会的要因や自律神経の不調も関与しているため、リラクセーションや認知行動療法などの非薬物療法を含めた複合的な策を講じる必要があります。

おわりに

身体的アプローチも BPS モデルのなかでシステム論的に考え、いま何が起こっているか、何と何とが関連し、どうすれば悪循環の輪に変化が与えられるのか、そしてそれを多職種で検討できると、より良いアプローチが行えると考えます。

引用・参考文献

1) 佐々木雄二. 自律訓練法の実際：心身の健康のために. 東京, 創元社, 1976, 220p.
2) Stetter, F. et al. Autogenic training：a meta-analysis of clinical outcome studies. Appl Psychophysiol Biofeedback. 27（1), 2002, 45-98.
3) 日本マインドフルネス学会. 設立要旨. https://mindfulness.jp.net/concept/（2023.4.4 閲覧）
4) 伊藤靖. マインドフルネス・ストレス低減法（MBSR）：プログラムを概説する. 精神科治療学. 2017, 32（5), 591-8.
5) 都田淳ほか. バイオフィードバック療法. 心身医学. 63（1), 2023, 59-63.

（山根 朗）

動画紹介

【漸進的筋弛緩法】
北原雅樹（横浜市立大学附属市民総合医療センター）
YouTube™ チャンネル：慢性の痛み講座 北原先生の痛み塾
「第 24 回　慢性痛講座 漸進性筋弛緩法【前半】」

【自律訓練法】
済生会福岡総合病院 YouTube™ チャンネル
「ストレス解消！リラックス効果！自律訓練法ー基礎編ー」
「ストレス解消！リラックス効果！自律訓練法ー実践編ー」

※本リンクは 2023 年 4 月時点のもの。公開者により予告なく閲覧停止となる可能性があります。

3 心理学的アプローチ①認知行動療法

認知行動療法とは

認知行動療法（Cognitive Behavioral Therapy；CBT）は、さまざまな精神疾患の治療や予防に用いられる心理療法の一つです。ただし、認知行動療法という言葉は特定の心理療法を指すものではなく、学習理論を基盤として認知や行動を介入のターゲットとする心理療法の総称です。具体的には、ベック（A. T. Beck）の認知療法やエリス（A. Ellis）の論理情動行動療法、マインドフルネス認知療法、弁証法的行動療法、アクセプタンス＆コミットメント・セラピー（Acceptance and Commitment Therapy；ACT）などが含まれます。また、トラウマ焦点化認知行動療法（Trauma-Focused Cognitive Behavioral Therapy；TF-CBT）や統合失調症患者に対する認知行動療法（Cognitive Behavioral Therapy for Psychosis；CBTp）など、個別の精神疾患に特化した認知行動療法も開発され、効果を上げています。

このように認知行動療法と一言で言ってもさまざまな種類がありますが、これらには以下のような共通した特徴があります[1)]。

①生活場面で起きている具体的な問題に焦点を当てる
②問題解決に向けた具体的な戦略を立てる
③当面の問題に効果的に対処できるよう、援助する
④クライエント自身のセルフコントロール向上を目標とする
⑤問題の原因や意味よりは、問題の維持に関連する悪循環に注目する
⑥新しい経験を通じて新しい行動や思考を獲得することが、問題の改善につながるという発想を持つ
⑦クライエントとセラピストは、問題を解決していくための協同作業者となる

また、認知行動療法では、その治療効果について積極的な検証を行い、治療効果に対するエビデンスが蓄積されているのも特徴の一つといえます。

認知行動療法の実践—社交不安症のケース

実際に認知行動療法はどのように進められ、どのようなことを行うのでしょうか。ケース2 の 19 歳大学生のⒷを例に、社交不安症に対する認知行動療法の実践について説明します。社交不安症に対する認知行動療法は、厚生労働省や日本不安症学会の Web サイトで「社交不安障害（社交不安症）の認知行動療法マニュアル（治療者用）」[2] が公開されています。ここでも、このマニュアルに沿って説明します。

●社交不安症に対する認知行動療法の流れ

社交不安症に対する認知行動療法は図1 に示す 11 のステップで構成されています。1 セッションで終わるものもあれば、3〜4 セッションかけて行うものもあります。実際に何回のセッションを行うのか、どのくらいの期間が必要なのかは、クライエントの状態や治療への取り組み方によっても変わりますが、マニュアルでは週 1 回 50 分、計 12〜16 回の治療面接を基本構成としています。また、フォローアップ面接を 1 カ月後、3 カ月後、6 カ月後、1 年後などに実施して再発予防を行うことも求められています。

ここでは、①〜⑨のステップを具体的に説明します。

①アセスメント面接

認知行動療法に限らず、心理療法では最初にアセスメント面接を実施します。ここでは、クライエントの主訴（本人が自覚している最も困っていること）や、生活状況（職業、家族構成、日常生活、経済状況など）、生活歴（幼少期や学校生活での様子、学校・職業上の適応状態、家族歴・ライフイベント、喫煙や飲酒などの嗜癖行動、既往歴・入院／通院歴、その他生活習慣など）、援助資源など、今後、治療計画を立てて実際に治療していくうえで把握しておくべき情報を幅広く聞き取ります。また必要に応じて、心理検査や、家族などの関係者に対する聞き取りなども行います。

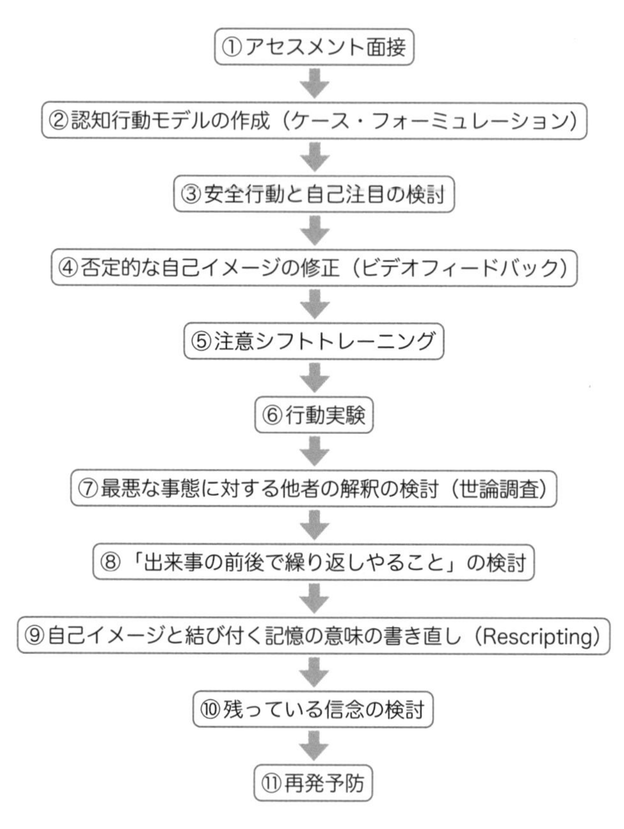

図1　社会不安症に対する認知行動療法の流れ

②認知行動モデルの作成（ケース・フォーミュレーション）

次に、アセスメント面接で得られた情報をもとに、認知行動モデルを作成します。認知行動モデルとは、得られた情報から、問題を維持している「悪循環」に気付くために作成されるモデルのことで、ケース・フォーミュレーションとも呼ばれます。マニュアルでは、社交不安症に関するモデルとして**図2**[2~4]が示されています。社交不安症では、①自分自身に対して注意が偏ること（注意のバイアス）、②観察することなく、自分が他者にどう見えているかを判断してしまうこと、③安全行動（本人は安全だと思っているが、悪循環になっている行動）を続けること、という3つの要因によって社交不安が維持されるといわれています[2)]。この3つの要因の関係性を図示することで、悪循環を客観的に見えるようにするのが、認知行動モデル（ケース・フォーミュレーション）を作成する目的です。ケース2のBでは図3のような認知行動モデルが作成されます。

③安全行動と自己注目の検討

安全行動とは、本人としては最悪の事態が起こらないように行っていることが、実際には最悪の事態には至らないことを経験する機会を奪っていることをいいます。Bの場合は、できるだけ発表しないようにしたり、人前で発表する際には授業を欠席したりするなどの行動が安全行動に当たります。これは「声が小さくて怒鳴られる」という最悪の事態を避けるために行っていますが、実際に高校や大学の授業で声が小さいからといって怒鳴られることはありません。ですが、Bはこのような現実には起こる可能性がほとんどない最悪の事態を避けようと、授業を休むなどの安全行動を取っています。

実際に人前で発表してみれば、Bが想定している最悪の事態は起こらないという経験ができますが（反証される）、人前で発表する経験が少ないため、自分の主観や想像で「きっと怒鳴られるに違いない」「休んだ自分に対してみんな怒っている」などと否定的な解釈に基づいて自分に注目し（自己注目）、不安をさらに高めるという悪循環が生じています。

ここからは、Bへの具体的なアプローチをみていきましょう。まず、いつものように安全行動を取り自己注目をするパターンと、安全行動を取らず自己注目をしないパターンを実際にロールプレイで行います。Bの場合、発表の場を避けることが安全行動のため、それをしないというのは、その場にとどまって発表することになります。また、自己注目をしないことは簡単ではないですが、「声は小さくないか」「怖くてびくびくしているんじゃないか」など自分に意識を向けずに、発表の内容や発表とはまったく関係のない外部の対象（聞き手の服の色など）に意識を向けるようにします。そして、両方のパターンを行ってみて、それぞれのメリットやデメリットを話し合い、これまで良かれと思って行っていた安全行動が不安を高めることにつながっていたことに気付いてもらうようにします。

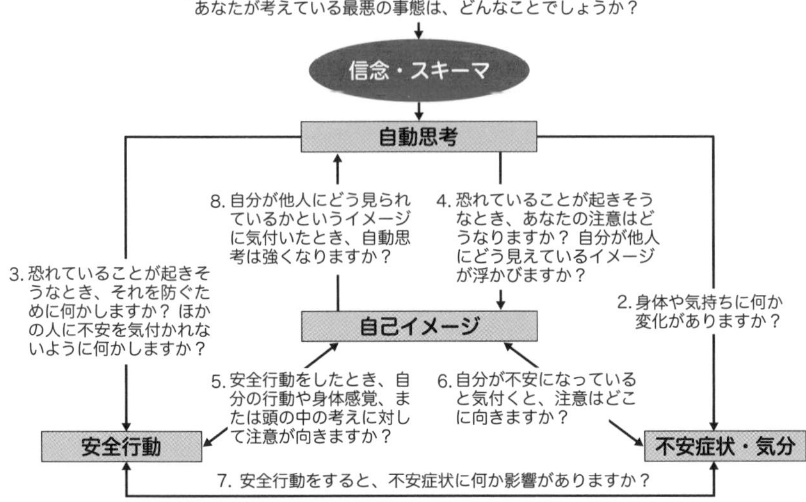

図２　社交不安症の認知行動モデル

（文献 2〜4 を参考に作成）

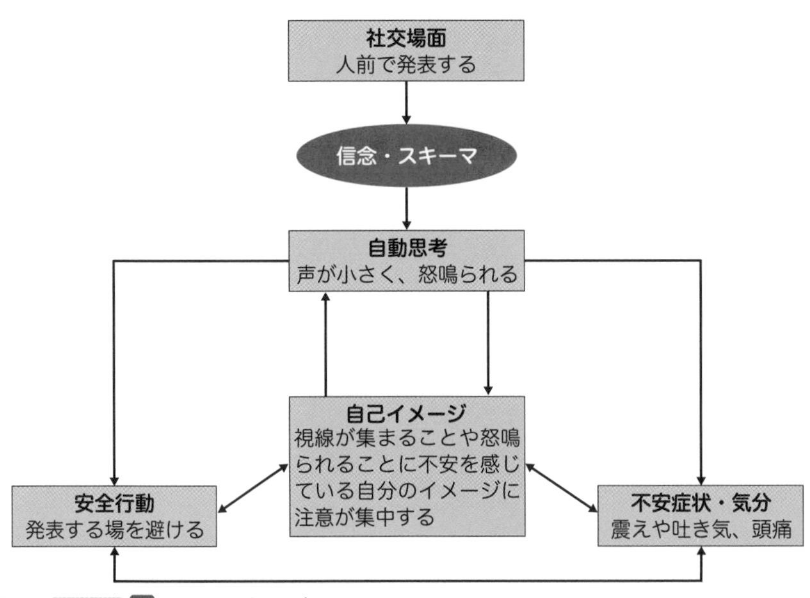

図３　ケース２ Bの認知行動モデル

なお、このロールプレイは録画しておき、④ビデオフィードバックで使用します。

④否定的な自己イメージの修正（ビデオフィードバック）

自分の姿はなかなか自分では見ることはできません。そのため、自分の主観的なイメージや思い込んでいる姿が本当の自分の姿のように思ってしまいます。しかし、自分の主観的なイメージと実際の姿は異なることがあります。そこで用いられるのがビデオフィードバックです。

ビデオフィードバックでは、まず自分がどのように映っているかを思い浮かべてもらいます。人前で発表するのが怖いBのケースであれば、声や手が震えている、顔が赤くなっている、声が小さかったり言葉に詰まったりしている、などが思い浮かびます。次に、思い浮かべたような行為の度合いや時間を一つ一つ評価します。さらに、思い浮かべた自分に対して他者がどのように反応するかも予測します。「聞き取りにくい」「(否定的な意味で）面白い」というような発表そのものに対する反応や、「駄目なやつ」というようなその人全体に対するイメージまで予測します。このようなワークを行った後に自分のビデオを視聴します。すると、実際にはそれほど声や手が震えていない、顔が赤くなったりしていない、など思い浮かべた自分とは異なることが確認されます。特にロールプレイにおいて、外部の対象に意識を向けるようにしたため、そうすることで、人前での発表において自分が思うほど恐れていた事態は起こっていないことが実感されます。このように外部の対象に意識を向けることが、自分の不安の低減や、発表そのものがうまくできることにつながることをわかってもらうことが重要となります。

⑤注意シフトトレーニング

そのことがわかると、次は注意シフトトレーニングに移ります。注意シフトトレーニングとは、外部の対象に注意の焦点を向けたり、外部の対象と自分自身（内部）に注意を行き来させたりする練習のことです。最初は非社交場面を想定し、徐々に社交場面を想定していきます。また、これはセッション内だけでは十分に身に付かないため、ホームワークとして日常的に行ってもらうことが必要です。

表１　行動実験の例

1）実験の状況	2）予想	3）実験のやり方	4）現実の結果	5）実験から学んだこと
なるべく詳細な状況を頭の中で思い描き、それを書き出しましょう。	何が起こると予想しますか？それはどのようにしてわかりますか？その確信度は(0〜100点)？	その予想を実験するために何をしますか？安全行動をやめることをイメージして考えましょう。	何が起こりましたか？予想は正しかったですか（0〜100）？予想と結果にはどんな違いがありますか？	予想したことが今後起こる可能性はありますか？元の予想をさらに実験するには？納得がいかないことは？
授業で、先生や多くの受講生の前で自分が調べたことを発表する。	発表しようとすると、手や声が震えたり声が小さかったりして、笑われたり怒られたりする(90％の確率)。	まずは少人数の前で発表してみる。自分から「発表を聞いて」と声をかけてみて、発表から逃げたりしない。	笑われたり怒られたりすることはなかった。ちゃんと発表を聞いてくれて、「わかりやすかった」と言ってもらえた。	自分で思っていたよりも、人前で発表しても声が震えたり声が小さかったりすることはないかもしれない。今回は知り合いの人の前だったので、授業のような知らない人の前だとどうなるのか試してみたい。

（文献２より一部引用）

⑥行動実験

行動実験では、社交場面で本人が持つ特定の予測が実際には起こりにくいことを発見し、またいまのままでも他者に受け入れられることに気付くようになることを目指します。社交不安症の人は安全行動を取ることで、実際はそれほど恐れている事態は起こらないという事実に向き合う機会を失っています。そこで、安全行動を取らずに回避してきた場面に直面し実際に行動してみることで、その人が「こういう恐ろしいことが起こるだろう」と思い込んでいる信念に反する証拠を収集します。

具体的には、1）実験する社会的な状況・場面を書き出す、2）その人が持つ予想（認知）とそれを裏付ける結果とは何かを明らかにする、3）その人が持つ予想を検証する方法を明らかにする、4）結果を詳細に記述し予想した結果との違いを比較する、5）実験を通して学んだことを書き出しまとめる、という５つのステップで進めていきます（**表１**）[2)]。

行動実験により、社交不安症の人が思っているような悲惨な出来事はそれほど起こらないことがわかります。しかし、行動実験を1回行ってみて悲惨な出来事が起こらなかったからといって次も起こらないとは限りません。またそのように考えてしまい、次に人前で発表するような状況になったとき、その場面を回避するような行動を取るかもしれません。そのため、1回目と2回目の行動実験は定番的な内容で行い、その後の2回はより本人のテーマに沿ったものを行います。

このように本人の主観的な思い込み・信念ではなく、客観的な事実・情報を意識して行動の結果を整理することで、いままでその人が思っていた対人関係上の不安は、あくまでその人個人の主観的な（根拠のない）思考であったということが実感できるようになります。

⑦最悪な事態に対する他者の解釈の検討（世論調査）

行動実験を行うことで、人前で発表したりしても悲惨な出来事は起こらないことが確認できました。ですが、それは本人が見た範囲での他者の反応であり、他者が心の中でどのように考えているのかはわかりません。たしかに表面的には「わかりやすかった」と言っていても、内心ではばかにしているということもありえます。そのようなことを考えると、社交不安症の人はまた不安が高まってしまいます。

そこで行うのが世論調査です。社交不安症の人が恐れている最悪の事態や不安症状をリストアップします。Bのケースであれば、「人前で発表してもうまく発表できないので怒鳴られる」という内容になります。これについて、他者の考えや解釈を検証するための質問を作成します。例えば「人前で発表しようと思ったときに、緊張したりすることはありますか？」というような一般的な質問や、「発表している人がうまく発表できていなかったら、イライラしたり怒鳴ろうと思ったりしますか？」のようなその人の特定の否定的予測に関する質問などを作ります。これらの質問を実際に他者に聞いてみて、回答を得ます。そうすると、本人の予想に反して、うまく発表できなくても、イライラしたり怒鳴ろうと思ったりする人は少ないことが明らかになります。なかには、「頑張って」「落ち着いて」など応援や励ましの気持ちを抱く人も見つけられるかもしれません。

このように、他者が実際にどのように考えているかを把握することで、社交不安症の人が抱く否定的な信念は反証されることになります。そしてあらためて、自分の考えや予想が主観的な思考であることに気付くことができます。

⑧「出来事の前後で繰り返しやること」の検討

社交不安症の人は社交場面に対して不安があるため、その不安を少しでも軽減しようと社交場面の前後で繰り返し考えたり、完璧にできるまで練習してしまったりすることがあります。時には、そのように社交場面の前後で繰り返し行っていることが、かえって本人の社交不安や苦痛を高めている場合があります。

ケース２には書かれていませんが、例えばBは、人前で発表することになったら前日に何回も発表の練習をしており、何度発表しても同じようにしゃべれるようになってから当日を迎えるようにしていたとします。事前の発表練習はたしかに必要です。ですが、一人での練習のときと人前で実際に発表するときでは、他者の視線の量や緊張の度合いが異なり、練習通りに発表できないことはよくあります。そして、発表後に練習通りにできなかったと反省し、落ち込みます。

このように不安を低減させるための事前の練習が、実は不安や苦痛を高めているというデメリットに気が付くことが重要です。そして、よりデメリットの少ない方法について話し合い、実行します。Bであれば、完璧に発表できるようになるまで練習するのではなく、5回だけ練習するなどの方法が考えられます。このように、よりデメリットの少ない方法を実行してみて、実際に不安や苦痛が低減することを実体験していきます。

⑨自己イメージと結び付く記憶の意味の書き直し（Rescripting）

ここまでの流れのなかでBは、「人前で発表するとうまく発表できずに怒鳴られる」という不安はB個人の主観的な思考であり、実際にはそのようなことが起こる可能性は少ないことを経験的に確認できています。そうするなかで、徐々に社交不安も低減していると考えられます。それでも、Bは完全に社交不安を払拭することができません。その背景にあるのが、小学校のときの授業参観で父親から怒鳴られた経験です。

社交不安症の背景には、時に社交場面でのトラウマティックな過去の出来事があり、その出来事が現在の破局的な自己イメージと結び付いたり、否定的な信念やスキーマの形成に発展したりすることがあります。そこで、このようなトラウマ記憶やそれに基づく信念を同定し、イメージの書き換えを行うとともに記憶の意味の書き直し（Rescripting）を行います。

このトラウマ記憶の更新によって、Bが抱いていた否定的な自己イメージが書き換えられ、人前での発表に対しても不安を感じなくなります。

緊張と向き合う認知行動療法

冒頭でも説明したように、認知行動療法は、学習理論を基盤として認知や行動を介入のターゲットとする心理療法です。人は、さまざまな経験から自分なりの信念や自己イメージをつくり上げていきますが、それが否定的・破局的なものである場合、社交場面における不適切な行動や解釈を生み、次に同様の社交場面に出くわしたときに強い不安が生じ、緊張が起こります。認知行動療法は、緊張そのものを低減させるというよりも、その緊張を生み出している認知や信念を変えることを目指す心理療法であるといえます。

引用・参考文献

1) 鈴木伸一．“認知行動療法の基本技法を学ぶ”．認知行動療法入門．下山晴彦編著・監修．東京，講談社，2017，75-128（臨床心理フロンティアシリーズ）．
2) 吉永尚紀．社交不安障害（社交不安症）の認知行動療法マニュアル（治療者用）．2016．https://www.mhlw.go.jp/file/06-Seisakujouhou-12200000-Shakaiengokyokushougaihokenfukushibu/0000113841.pdf（2023.1.26 閲覧）
3) デイビット・M・クラークほか．対人恐怖とPTSDへの認知行動療法：ワークショップで身につける治療技法．丹野義彦編・監訳．東京，星和書店，2008，40．
4) Clark, DM. et al. Workshop of cognitive behavior therapy for social phobia and PTSD. 2008.

（髙坂康雅）

4 心理学的アプローチ②
子どもの支援（遊戯療法）

遊戯療法（play therapy：プレイセラピー）とは

●遊びと遊戯療法

子ども（本項目では幼児から小学校低学年程度を想定）は、わずかな時間であっても遊びます。ブロックや電車のおもちゃ、ぬいぐるみ、テレビゲーム・携帯ゲームのように“遊ぶためのツール”を用いるのはもちろん、新聞紙やペットボトル、消しゴムといった本来“遊ぶためのツール”ではないものであっても、子どもは“遊ぶためのツール”に変えて遊びます。大人には何もない単なる原っぱに見える場所でも、子どもにとっては絶好の遊び場であり、そこはサッカーグラウンドにも、家のリビングにも、戦場にも、未知なる生物の生息地にもなります。子どもにとって遊ぶということは、これほどまでに内発的で自然なことであり、身体や心をフルに動員して行う活動であるといえます。また、遊びは「楽しい」というポジティブな感情を引き起こすだけでなく、身体的、社交的、認知的、言語発達的に重要であることが指摘されています[1)]。大野木[2)]は、遊びが子どもにもたらすものとして、「健康な脳の発達」「言語発達」「問題解決能力の発達」「社会性の発達と適応」「自己統制感覚の習得」「視覚と手の協調の促進」「トラウマ解消の根本的な治療的要素」など多数を列挙しています。

このように、遊びには楽しむこと以上の意味があることが見いだされています。1920年代にはジグムント・フロイト（S. Freud）によって、子どもは自らの経験を遊びのなかで再現することで、その経験を受け入れようとしていることが指摘され、その後、アンナ・フロイト（A. Freud）やメラニー・クライン（M. Klein）によって児童分析や児童心理療法が構築されていったのが、現在の遊戯療法の源流になっていると考えられます。

Association for Play Therapy によると、遊戯療法とは「クライエントが心理社会的な問題を予防ないし解決するのを支援するために、そして、最適な成長と発達を遂げられるよう支援するために、訓練されたセラピストが遊びの治癒力を用いて対人関係的なプロセスを確立するために、理論モデルを系統的に用いること」と定義されています。また村瀬[3]は「言葉によってでは十分に自分の気持ちや考えを表現するに至らないクライエントを対象に、遊ぶことや道具を通して行われる心理療法であり、クライエントの人格の成長と変容を目指す創造的な活動」と定義しています。子どもはうまく言葉を使えなかったり、自分の感じていることや考えていることを言語化できなかったりします。そのような子どもであっても遊ぶことはできます。その遊びを通して子どもの成長・発達を促進・支援していく心理療法が遊戯療法です。

ですが、子どもと遊ぶこと＝遊戯療法ではありません。「理論モデルに根差している」「適切なアセスメントに基づいている」「目標と意図を持った介入として行う」「専門的に訓練された者が行う」などが、遊びと遊戯療法を区別するポイントです。また遊戯療法では、遊びの持つ治癒的な力を活用します。チャールズ・E・シェーファー（C. E. Schaefer）とアテナ・A・ドレヴェス（A. A. Drewes）[4]は、遊びの持つ治癒的な力を20の因子に分けています（**表1**）[2]。実際の遊戯療法の場面ではこれらの因子が混在して働きますが、このような遊びの持つ治癒力を生かせるかどうかは、専門的な知識と技能にかかっています。

●さまざまな遊戯療法

遊戯療法は単一の心理療法の名称ではなく、遊びを治療・介入のために用いた心理療法の総称です。そのため、さまざまな種類や技法があり、それぞれ目標や対象、内容が異なっています。先に説明した通り、遊びの治療的な意味を見いだし心理療法に用いたのは、ジグムント・フロイトをはじめとした精神分析の立場にある人たちでした。その後、さまざまな理論・立場の人たちが遊びを用いた心理療法を行うようになりました。駿地[5]は、遊戯療法の理論的立場は、精神分析的遊戯療法、関係療法、非指示的療法、その他

表1　遊びの持つ治療的な力（Schaefer & Drewes, 2013[4] より）

1. コミュニケーションの促進
①自己表現：おもちゃにより象徴的に表現する
②無意識と意識の橋渡し：無意識の葛藤や願望が象徴的に明らかになる
③直接的に教える：楽しいと感じると学習がより身に付くので、遊びを通じて直接スキルを教える
④間接的に教える：遊びを通じて間接的にスキルを教える
2. 健全な情緒を育む
⑤カタルシス：情緒的な表現や活動によって、かつて抑制・中断された感情を解放し、完結させる
⑥徐反応（アブリアクション）：同じ遊びを繰り返すことによって、トラウマとなる出来事の再演と除去をし、力とコントロール感覚を得る
⑦肯定的な感情：肯定的な感情を増やし、否定的な感情を減らす
⑧恐れに対する拮抗条件付け（逆条件付け）：遊びを使って否定的な感情に取り組むことで、否定的な感情を減少させる
⑨ストレスへの免疫づくり：ストレスの多い出来事にまつわる遊びをすることで、予期不安を減少させる
⑩ストレスマネジメント：遊びを通してストレスによる身体的・情緒的な影響への対処法を身に付ける
3. 社会関係を強化する
⑪治療的関係性：子どもとカウンセラー／セラピストの間で目標が共有され、同調し合う関わりと肯定的な情緒的接触を持つ
⑫アタッチメント（愛着）：遊びを通して共感能力を育て、アタッチメントを育む
⑬社会的な能力：ソーシャルスキルを習得し、有効に活用する
⑭共感：他者の視点から状況を見る能力を発達させる
4. 個人の強みを伸ばす
⑮創造的な問題解決：発想が豊かになり、さまざまなアイデアや連想を生み出す
⑯レジリエンス（心の回復力）：人生の妨げとなるような試練に耐え、立ち直る能力を育てる
⑰道徳心の発達：遊びでルールを作ることで、他者との協力や他者との合意が育まれる
⑱心理的な発達の加速：子どもが発達の正常範囲内に収まる、あるいは近付くように発達が促進され、そのプロセスが加速する
⑲自己調節：認知的な柔軟性とセルフモニタリングおよび反応の抑制によって、行動を方向付け、意図した目標を達成する
⑳自己肯定感：自己有用感や自己価値観を育てる

（文献2を参考に作成）

の4つに大別されるとしています。

非指示的療法とは、カール・ロジャース（C. R. Rogers）のクライエント中心療法に基づくものであり、バージニア・アクスライン（V. M. Axline）が実践した子ども中心プレイセラピー（Child-Centered Play Therapy；CCPT）のことです。そのほかには、ヴァイオレット・オークランダー（V.

Oaklander）のゲシュタルトプレイセラピーやテリー・コットマン（T. Kottman）のアドラー派プレイセラピー、ケヴィン・オコナー（K. O'Connor）のエコシステミック・プレイセラピーなどが含まれます。また、スーザン・ネル（S. M. Knell）が開発した認知行動的プレイセラピー（Cognitive Behavioral Play Therapy；CBPT）は、認知行動療法や認知療法と遊びを組み合わせ、子どもの認知（非機能的な考え）や行動にアプローチするために遊びを活用したものであり、その治療効果が確かめられています。

子ども中心プレイセラピー（CCPT）

CCPTは、ロジャースのクライエント中心療法の概念をアクスラインが子どもの治療に適応したところから始まりました。クライエント中心療法と同様に、生じている問題に焦点を当てるのではなく、子どもが受け入れられ、安心して遊べることによって生じる自己治癒力を活用することを目指し、子どもと関わっていきます。そのために重視すべき原則として、アクスライン[6)]は次の8つを挙げています。

①良いラポール（信頼関係）を成立させる
②あるがままの受容を行う
③許容的な雰囲気をつくる
④適切な感情の映し返し（反射）を行う
⑤クライエントの自己治癒力を信じ、クライエントに変化する責任を持たせる
⑥非指示的態度を取り、カウンセラーはクライエントに従う
⑦治療が緩徐な過程であることを理解する
⑧必要な制限を設ける

CCPTでは、子どもとの関係性や自己実現のために安全な環境を築くことを重視することから、型通りのアセスメントは行われません。また、カウンセラーは何で遊ぶのかを指示することはなく、どのように遊んだかを解釈したり、感情や経験と遊びを関連付けたりすることもしません。しかし、それでは通常の遊びとほとんど変わらないともいえます。

遊戯療法と遊びとの違いは、それが治療であり、そのための構造（枠）を有している点です。構造（枠）とは、時間制限があったり、その時間内で行われた遊びについて守秘義務が生じたりすることです。そのような構造（枠）があるからこそ、子どもは自由に遊ぶことができます。また、自由な遊びや身体的安全、治療場面であることによって生じる責任を保証するために、ある程度の制限が設けられます。ここでの制限とは、カウンセラーへの身体的攻撃や備品への物理的攻撃、喫煙や自慰などの社会的に許されないこと、安全と健康に関するもの（泥水を飲む、高い窓枠に登るなど）があります[7)]。

このような構造（枠）のなかでの遊びを通して、子どもの自己治癒力が向上し、自己に対する肯定的感情が優位になり、行動にまとまりが出てきたり、外界への志向が強くなってきたりすると終結へと向かっていくことになります。

なおCCPTは、多くの子どもにとって有効であるとされ、子どもの自尊心、親との関係性、学習成績、内在化問題（不安、抑うつ、心身症状など）、外在化問題（落ち着きのなさ、癇癪（かんしゃく）、人や物への攻撃、過度の反抗や非行など）に対して改善効果を持つことが確認されています[8)]。一方、重度の学習障害、現実と空想の区別が困難、機能不全家庭の中で不適応行動を学習している、人生の大きな変化に直面している、現在安全ではない環境にいる、自閉症、精神疾患、多動症の子どもを対象とすることはできないとされています[2)]。

認知行動的プレイセラピー（CBPT）

CBPTはネル[9)]がプレイセラピー技法に認知行動理論を取り入れたものです。CCPTと異なり、明確な治療目標があり、その目標に到達するために遊びを用いて介入していきます。対象としては、排泄の問題やトラウマ、離婚、不安、恐怖症、うつ病、指示に従わない、場面緘黙などが挙げられます[2)]。

CBPTでは、このような対象となる問題の発生・維持メカニズムを明らかにするため、さまざまな調査票を用いたり面談を行ったりして、包括的なアセスメントを行っていきます。特に子どもの非機能的な認知に注目し、遊びを通して、適応的な認知と行動の獲得、具体的にはストレス対処能力や問題解決能力、誤った思考の低減などを目指して支援します。遊ぶ内容は、治療目標に合わせて子どもとカウンセラーの双方で決め、そのなかでモデリングとロールプレイを中心に遊びを展開していき、適応的な行動に対しては積極的に強化を行います。このように、CCPTを含む非指示的遊戯療法とCBPTでは目標の設定や遊ぶ内容などが異なります。

遊戯療法の実践ーケース3の児童Eに対する遊戯療法

では、実際に遊戯療法はどのように進んでいくのでしょうか。遊戯療法はおおまかに、①アセスメント、②導入期、③中間期、④終結期のような流れで進んでいきます。5回程度の短期で終結するケースもありますが、なかには数カ月から数年かかるケースもあります。ここでは ケース3 に続ける形で児童Eを例に挙げ、遊戯療法をみていきましょう。

アセスメント

Eには、腹痛とそれによって学校に行けないという問題が見られています。しかし、腹痛についての器質的な要因は認められないため、心因の関与も推測されます。また、学校に行けないというのも、何らかの要因・背景によって生じている結果であると考えられます。そのため、腹痛や学校に行けないという問題の要因・背景を探ることがアセスメントの狙いとなります。

ケース 3 (p.146「第３章３」の続き)

(p.146「第３章３」の続き)

42 歳の女性D。下痢・腹痛を主訴とし、相談員（公認心理師）Fの指示で心療内科を受診した。

登場人物

Dさん

Eくん
（Dの子ども）

相談員G
（Eの担当相談員）

Eには、「興味のあることには意欲的に取り組むが、興味のないことには取り組まない」「急な予定変更に対して気持ちを切り替えることが難しい」「友だちと会話を続けることが難しい」など、自閉スペクトラム症（ASD）を疑わせる特徴が見られました。そこで、相談員GはWISC-ⅤとAQ-Jを実施しました。WISCの全検査IQは108であり、指標間で得点に多少の差は見られましたが、それほど顕著ではありませんでした。また、AQ-Jも「注意の切り替え」や「コミュニケーション」がやや高めではありましたが、全体では19点でした。母親Dからの聞き取りでも、3歳児健診や就学時健診で発達障害を指摘されることはなかったそうです。これらから、ASDの傾向は見られるものの、それが問題を生じさせるほどのものではないことが考えられました。

DはEに対して愛情と手間をかけてきた自負はありますが、腹痛によって学校を休むEのことを受け入れられなかったことを後悔しています。Eはあまりわがままを言ったりすることがなく、Dの言うことを素直に聞いてくれているとのことでした。一方、Eは母親のことについてあまり話したがらず、固い表情のまま「ママは頑張ってんじゃない」と言うのが精一杯でした。

これらのことから、相談員Gは E が母親に対して自分の気持ちを表現できていないのではないかと考え、E が自分の気持ちを素直に表現できることを目指してアプローチしていくことにしました。

導入期

導入期では、ラポールを形成することが重要になります。プレイルームが安心できる場所であり、また G は安全な対象であることを認識してもらい、安心感と信頼感を持ってもらうことが優先されます。

E は自分の好きな車や飛行機の話をするのが好きで、G の反応とは関係なく一方的に話を続けました。それでも、G が相づちを打ちながら話を聞いていると、少しずつ G に「どんな車が好き？」「飛行機乗ったことある？」などと問いかけをしてくるようになりました。

２回目のセッションでは、E はプレイルームに入ると、前回と同様に話し始めました。10分ほど話をしたらプレイルームを見渡し、ミニカーや飛行機のおもちゃがあることを見つけて、それで遊びはじめました。E がプレイルームや G に対して警戒を解いて、安心して遊ぶことができるようになったと考えられます。

中間期

中間期では、E が自分の気持ちを表現できるように働きかけていくことが必要となります。その際には、トラッキング（行動の言語化）、内容の伝え返し、感情の反射のような遊戯療法の技法を使っていくことになります。

３回目のセッションでも、E はミニカーで遊びはじめました。これまでは車をただ走らせるだけだったのですが、今回は積み木で建物を作り、「ママと買い物に行くの」と言って、買い物に行く場面の再現を始めました。そこで、G はぬいぐるみを使って、E と母親 D

が一緒にスーパーで買い物をする遊びをしようと勧めました。最初、Gが母親役、Eが子ども（本人）役をしても、Eは母親（G）の後をついていくだけでした。Gが「今日の夜は何を食べたい？」「何かほしいものはある？」と尋ねても、ぬいぐるみを横に振るだけでした。Gが「特に食べたいものとか、ほしいものはないってことなのね」と言うと、Eはそのまま何も言わず、またぬいぐるみも動かさないで、遊びをやめてしまいました。

４回目のセッションでも、GはEにぬいぐるみを使った買い物遊びをしようと提案しました。今回は、Eが母親役、Gが子ども役をすることにしました。Eは「にんじんとピーマンを買う」「お肉は豚肉」と言いながら、どんどんと買い物を進めていきます。Gはそれに対して、「ママはどんどん進んでいくんだね」（トラッキング）、「にんじんや豚肉を買うんだね」（内容の伝え返し）などと伝えていきます。Eが一通り買い物を終えたと思われたところで、Gが「ママ、お菓子がほしい」「ピーマンは食べたくない」と言うと、Eの表情が固くなり、「虫歯になるから駄目」「ピーマンは体に良いから食べなさい」と言って、Gの申し出を否定しました。ここでもGは「ママ（ここでは、Eが演じているぬいぐるみの母親のことであり、実際のDのことではない）は私が虫歯になることを心配して、お菓子を食べるのを駄目って言っているんだね」「ピーマンは私（Gが演じているぬいぐるみの子ども）の体に良いから、食べなさいって言っているんだね」と言語化していきます。

これまでのセッションから、DはEに対して愛情や手間をかけて育てていますが、D自身の完全主義的な傾向もあって、「こうしなければ」「このように育てなければ」という思いが先行してしまい、Eの主張を抑制したり否定してしまったりしている可能性が考えられました。また、EもDが自分のために頑張ってくれていることはわかっているものの、自分の思いが母親に届かないことに苦しんでいることが推測されました。そこでGは、Eが自分の意見を言えるように、遊びを通してロールプレイを続けようと考えました。また同時に、Dに対しても、これまでの子育てを振り返り、自分の思いを優先しすぎて、Eの意見を酌み取ってこなかったのではないかと問いかける働きかけをするようにしました。

終結期

遊戯療法を通して、当初設定した目標が達成されたり、遊びを通して自己を表現することができるようになったり、精神的な安定や活発さが見られるようになってくると、終結を検討します。遊戯療法に限らず、心理療法の終結は慎重に判断する必要があります。また、数回のセッションを通して終結の準備を進めていき、これからはここに来なくても大丈夫と、子どももカウンセラーも思えるようになることが重要となります。

X回目までのセッションで、買い物の場面だけではなく、映画を見に行く場面や、公園に遊びに行く場面での子どもと母親とのコミュニケーションのロールプレイを行いました。Eはぬいぐるみを通して、自分のしたいことを主張できるようになっていました。実際の生活でも、DはEの意見を受け入れたり、また頭ごなしに駄目というのではなく、話し合う機会が増えました。それによって、Eは自信を持って自分の意見を言えるようになり、セッションは終結を迎えました。

遊戯療法で緊張から解き放つ

子どもは純粋で無垢で、自分の好きなように行動しているように思われますが、実際には周りのことをよく見て、考えています。しかし、そのように見たり考えたりしたことと自分の欲求や意思とをうまく調整できないまま行動してしまい、親に叱られたり、トラブルを起こしてしまったりすることがあります。そのような経験を通して、何かを発言することや行動することに強い緊張を感じてしまう子どももいます。

遊戯療法では、まずは子どもの欲求や意思を優先して、自分らしさを取り戻すことから始めます。そして、その過程のなかで見えてくる子どもが抱える緊張を読み解き、それを解消するためにアプローチを行います。そうすることで、外界のなかで緊張を感じることなく適応的な自分を見いだすことができるようになるのです。

引用・参考文献

1) Trawick-Smith, J. The physical play and motor development of young children：A review of literature and implications for practice. 2014. https://www.easternct.edu/center-for-early-childhood-education/about-us/publications-documents/benefits-of-play-lit-review.pdf (2023.1.24 閲覧)
2) 大野木嗣子．はじめてのプレイセラピー：効果的な支援のための基礎と技法．東京，誠信書房，2019，270p.
3) 村瀬嘉代子．“序文”．プレイセラピー実践の手引き：治療関係を形成する基礎的技法．M. ジョルダーノほか著．葛生聡訳．東京，誠信書房，iii-vi.
4) Schaefer, CE. et al. Eds. The therapeutic powers of play：20 core agents of change. 2nd ed. NJ, Jason Aronson, 2013, 368p.
5) 駿地眞由美．心理的援助の方法としての遊戯療法．追手門学院大学心のクリニック紀要．4，2007，11-9.
6) Axline, VM. Play therapy：the inner dynamics of childhood. Boston, Houghton Mifflin, 1947, 379p.
7) 出野美那子．“遊戯療法”．基礎から学ぶ心理療法．矢澤美香子編．京都，ナカニシヤ出版，2018，219-27.
8) 小倉加奈子．“プレイセラピー”．公認心理師技法ガイド：臨床の場で役立つ実践のすべて．下山晴彦ほか監修．東京，文光堂，2019，449-54.
9) Knell, SM. “Cognitive behavioral play therapy：theory and applications”. Blending play therapy with cognitive behavioral therapy. Drewes, AA. ed. Hoboken, John Wiley & Sons, 2009, 117-34.
10) バージニア・M・アクスライン．遊戯療法．小林治夫訳．東京，岩崎学術出版社，1972，384p.

（髙坂康雅）

第4章　緊張に対する治療・アプローチ

5 社会的アプローチ

社会的アプローチとは

BPSモデルのS（Social）には先述の通りかなり幅広い領域が含まれ（p.13図3、p.14表1）、そのアプローチには、国際社会や行政、地域・所属コミュニティーや個人的関係性への介入などがありえます。この項目では、病院の医療ソーシャルワーカー（Medical Social Worker；MSW）の立場から、社会保障制度などの情報提供や「社会的処方」による社会的アプローチを中心に説明し、その基礎となる関係性（における緊張）への介入にも言及します。

社会的アプローチは単にSについてだけの変化を期待するのではありません。BPSモデルはシステム論ですから、B（Bio）やP（Psycho）との関連（例えば、ほかの医療者との情報共有）があります。またS1（ある状況）への介入がS2（ほかの状況）に変化を与えうるので、社会医学の観点を要します。社会医学とは、「医学を共通基盤とし、臨床医学が病める個人へのアプローチを中心とするのに対し、実践的な個人へのアプローチを有しながらも、広範な健康レベルを有する集団や社会システムへのアプローチを中心とする」[1]ものです。

緊張は身体や心、関係性のなかに存在します。そのため、社会資源の情報提供や活用によって、いままで進められなかったBやPへの治療が進むことも多々起こります。

MSWの役割

緊張への社会的アプローチを解説する前に、MSWの役割を説明します。

表1　MSWの役割

①療養中の心理的・社会的問題の解決、調整援助	教育、就労、育児に関わる不安や、人間関係の調整、患者の死による家族の精神的苦痛の軽減、生活の再設計などの援助を行う
②退院援助	院内スタッフと連絡・調整を行いながら、退院時期、活用できる社会資源、介護条件などを確認。在宅退院が難しい場合、転院調整も含む
③社会復帰援助	退院後の円滑な社会復帰（職場や学校との調整、復職・復学の支援）
④受診・受療援助	患者や家族に応じた医療、病院などの情報提供を行ったり、必要に応じて診療の参考となる資料を医師や看護師に提供したりする
⑤経済的問題の解決、調整援助	患者が医療費・生活費に困っている場合、福祉や保険などの諸制度の情報提供を行い、活用できるよう支援する
⑥地域活動	患者のニーズに合ったサービスが地域において提供されるよう、関係機関と連携しながら、地域の保健医療福祉システムづくりに貢献する。地域の患者会、家族会、ボランティアなどの育成・支援、高齢者や精神障害者が地域で安心して暮らせるよう地域の理解を求め、普及を進める

（文献2を参考に作成）

MSWは疾病（B）と生活（S）の関係に目を向け、患者・家族の負担を軽減し、治療に貢献します（**表1**）[2]。患者の社会背景に応じてMSWの視点から情報を共有し、医師・心理職と共に理解を深めていきます。日本医療ソーシャルワーカー協会が示すMSWの業務内容を一部抜粋すると、「傷病あるいは障害は、時代や洋の東西を問わず、人びとのウェルビーイングを脅かす最も大きな要因のひとつです。人びとは傷病や障害がもたらす生活の困難、精神的不安、人間関係や社会的役割の不全に直面することになります。ソーシャルワーカーの使命は、全ての人びとが、自分がもつ可能性を十分に発展させ、その生活を豊かにし、機能不全を防ぐことができるようになることです」[3]とあります。

また先述した、最近注目されている「社会的処方」とは、個々の患者のニーズに見合った医療外の社会資源を提供することで、イギリスではすでに制度化されています。MSWはこの医療外の知識にも精通しています。

心理的アプローチと社会的アプローチの違い

MSWと心理職の役割はどちらも相談援助ですが、違いは何でしょうか？いずれも外来や入院患者の生活問題について医師から支援依頼を受けて介入が始まるという点は似ていますが、大きな違いとして、MSWは、本人の疾病理解や年齢・性別・家族といった基本情報に加え、友人関係や経済的状況などを確認し、患者を取り巻く外環境（患者の外にある課題）を理解し、そこを補填しうる介入方法を探索するために面談を行うという点です。経済・雇用・友人関係・家族問題などの社会的問題を解決することは、身体的・心理的アプローチに影響すると考え、BPSすべての視点から疾病による日常の困難を捉えていきます。

そのうえで、家族や関係機関に働きかけて連携を取ったり、生活環境の改善のため調整したりすることが主な業務です。ただ、いくら周囲（学校や職場や家族）が問題だと指摘しても、本人に問題意識がなければ解決に向けた行動にはつながりません。MSWは面談を通して患者の社会的課題を一緒に考えて浮き彫りにすることで患者に気付きを促し、その解決に使える社会資源などを紹介（社会的処方）してウェルビーイングに導きます。

緊張への社会的アプローチ

●ケース1への社会的アプローチ

MSWは、医師や看護師から相談があった場合、患者の経済面と仕事の状況、家族関係の不安について聴取します。そして、まずは現状で利用可能な制度を確認します。年金・医療・介護といった社会保険などの社会保障制度は申請主義（行政サービスを利用する前提として、自主的な申請を要すること）が基本で、かつ煩雑です。そのため、患者が自ら積極的に調べることができる人か、アクセスできたとしても十分理解しているかを評価します。相手の理解度を見ながら、その都度言葉を変えたり、説明速度を変えたりしながら丁寧に情報提供を行い、場合によってはMSWが必要な行政関連部署へ連絡を取ります。

ここではケース1を例にMSWによる社会的アプローチ方法を見ていきましょう。60歳男性のAは自営業のため、加入している医療保険は国民健康保険として考えます（社会保険の可能性もあります）。まず、高額療養費制度[※1]の限度額の申請が行われているか確認します。社会保険に加入している場合、傷病手当金[※2]の申請の説明も併せて行いますが、国民健康保険の場合はその制度自体がありません。また、受給するための条件は各種ありますが、生活保護の申請も一つの方法として案内しておきます。

Aの妻から今後の療養に関する不安を相談された場合も考えてみましょう。こちらは夫婦関係も絡んだ繊細な話になるため、担当医や緩和ケアチームとも連携しながら、どの程度の情報をAや妻に伝えるかを考えます。Aと妻の不安の内容が異なることや、将来の見通しについての見解が不一致なこともあり、状況判断が重要です。夫婦のパワーバランスや主導権、理解度や関心など、基本情報を聞きながら観察し、把握します。また、60歳という年齢もあり[※3]、介護保険の申請は末期がんの診断がつかないと難しいこと、末期がんの診断がついていても認知度やADLが低下していない状態では介護認定が受けづらい（末期がんの診断がついて介護保険の申請ができても、認定基準を満たさず認定が受けづらい）ことを伝えます。自宅で過ごす時間を長く持ちたい場合、訪問診療や訪問看護を医療保険の範囲で導入可能です。緩和ケア病棟との面談をあらかじめ行っておくこと、緩和ケア病棟以外の選択肢として緩和ケアホームという施設があることなども紹介しておきます。

病態仮説のなかで、患者の不安や緊張が将来の経済的な見通しが立たないことと関連している場合、こういった情報提供によって安心し、日常の慢性的な緊張状態が緩和する可能性があります。また、患者や妻の理解度や状態を把握してコミュニケーションが取れていれば、患者が「話しやすい」「理解してもらえている」「安心できる」と感じる可能性が高くなります。将来設計について相談できる窓口があるという安心感だけでも、患者の緊張の緩和につながりえます。

※1　支払った額が、年齢や所得に応じた1カ月ごとの自己負担額を超えた場合に、超えた分が返ってくる制度。
※2　被保険者が病気療養のため勤務できず給料を受けられなくても、安心して療養に専念できるように被保険者とその家族の生活を保障する制度。
※3　介護保険制度は65歳以上は原因問わず申請可。40〜64歳は特定疾病による申請が必要。

●ケース2への社会的アプローチ

ケース2への社会的アプローチとしては、①行政へのアプローチ、②大学へのアプローチの2つが考えられます。①の具体的な内容は、デートDVの情報提供です。DV関連の支援は、さまざまな法整備のもと各都道府県で展開されており、窓口につなぐ際はMSWが支援することが多いです。19歳大学生のBにとって交際相手のCは、孤独から助けてくれた、ただ一人の存在となっています。デートDVは本人が気付きにくく、家族などから支配されていたり束縛されていたりすると、優しく寄り添ってくれるパートナーが唯一の理解者だと思い、DVと同様のサイクル（p.99図2）に陥ってしまうことが多くなります。

今回、Bは学生相談センターのカウンセラーからの紹介により病院の受診につながりました。もし先に公的機関のDV関連の相談窓口につながっていたら、デートDVへの教育が行われ、「他者と自分との間には境界線があること」「安全や安心でないことにNOと言ってよいこと」「傷付いた心や身体を病院で治療できること」が伝えられます。緊急一時保護※4中の受診などで医療機関につながる場合もあります。

デートDVを受けた人には、行政関係の機関・講座などへつなぐため、「愛情と束縛は違うこと」「男女が対等な関係であることを前提としたけんかと異なり、DVは対等な関係が成立していないこと」を伝えます。その際、本人の表情や反応を見ながら、緊張しているようであれば、口調や声色を変えたり、工夫しながら柔らかく伝えたりするよう心掛けます。そして自分の行動は自分が決めてよいと認識してもらえるように、医師や心理職と協働して本人の気付きを促し、専門機関にスムーズにつなぎます。信頼関係が構築されると、現状を理解していくなかで治療者との間にあった異様な緊張感は緩和し、治療者からの助言が受け入れられやすくなります（緊張緩和は治療効率を高めます）。

②の大学へのアプローチとしては、学生相談センターや大学の学事課にいまの状況を説明し、救済措置を取ってもらいます。本人が希望した場合のみですが、医師の診断書を提出することで検討してもらえた事例もあるので、試みてもよいかもしれません。

※4　配偶者暴力相談支援センターが窓口となり、暴力を受けた被害者が一時的に避難できる施設が設けられている。

●ケース3への社会的アプローチ

すでに教育センターの相談員が母親Dと子どもEそれぞれに介入していることから、学校・行政間のつながりは持てているでしょう。MSWの視点では、それに加えて生活面でのサポート不足や将来の進路、金銭面の見通しが不安・緊張の要素として大きく関わっていると考えます。そこで、市の母子・父子自立支援員や、母子寡婦福祉連合会とも連携し、ひとり親家庭への支援[※5]を長期的に受けられるよう、支援の輪にアクセスしていくことを提案します。ただ、ケース3のように、母子が苦悩している場合、新たな支援者の受け入れに抵抗することはよくあります。まずは焦らず母親の気持ちをしっかりと傾聴し、いままで頑張ってきたことを第三者の観点から一つ一つ言葉にすることで、自己承認を促すとよいかもしれません。また、しっかりと言葉でねぎらいながら、緊張を緩和できるよう確実に関係性を築くことが大切です。そして、医師や心理職と共に、関わっている教育センターの相談員・学校の担任・スクールカウンセラー・スクールソーシャルワーカーと情報共有し連携を取ります。可能であれば病院でケース会議を開いて見守り体制を築いていくとよいでしょう。

※5　厚生労働省の「令和3年度全国ひとり親世帯等調査結果報告」では、令和2年の母子世帯の母親の平均年間収入は272万円（平均年間就労収入は236万円）となっている。困っていることの内訳では「家計」が約5割と最も多く、子ども

についての悩みは「教育・進学」が約6割と最も多い。金銭面だけでなく、支援者が恒常的に不足しているひとり親家庭特有の問題の支援のために、市によっては母子・父子自立支援員を配置して、生活相談、教育費や生活費の貸付、国家資格取得の支援、就職支援などを行っている。母子寡婦福祉連合会は都道府県・指定都市ごとに所在しており、独自の資格取得支援、就職支援、イベントなどを行っている。

おわりに

緊張への社会的アプローチについてMSWの視点から説明しました。心理職も同じかもしれませんが、私たちは“急がば回れ”の精神を大事にしています。面談後に、解決のための選択肢が頭に浮かんでも、すぐに提示しないことがあります。なぜなら答えは患者のなかにあるからです。患者自身にその答えが見えるまで待つ姿勢を大切にします。私たちは、社会資源の利用実績といった客観的なデータを紹介したり、自分自身の人生経験から相手の興味を引きそうな話題を提供したりすることで、関係の浅いMSWに対する防衛、病気という非常事態で見通しの立たない将来への不安感、公的なサポートを得ることへの抵抗感など、さまざまな緊張を緩和します。特に生活保護制度は説明を受けることにさえ、恥ずかしさや抵抗感を持つ人がいて、会話や非言語コミュニケーションのなかにぴりっとした緊張感が漂うことがあります。そんなときは深追いせず、関係性の安定を優先し、緊張が緩和するのを確認してから制度や支援策のニーズを提案していきます。これらすべてを含めて社会的アプローチなのです。

引用・参考文献

1) 社会医学系専門医協会. 社会医学系専門医制度について. 2015. http://shakai-senmon-i.umin.jp/about/（2023.3.17 閲覧）
2) 日本医療ソーシャルワーカー協会. 医療ソーシャルワーカーの業務内容. https://www.jaswhs.or.jp/about/sw_gyoumu.php（2023.3.30 閲覧）
3) 日本医療ソーシャルワーカー協会. 医療ソーシャルワーカーについて. https://www.jaswhs.or.jp/（2023.3.30 閲覧）
4) H.H. アプテカー. ケースワークとカウンセリング. 坪上宏訳. 東京, 誠信書房, 1964, 122.

（市橋恵美子）

コラム ⑥タテ・ヨコ・ナナメの関係

人との関係で緊張する場合、その人とどのような関係かを把握することが重要です。人との関係を把握する視点としては、心理的距離や親密さ、主導権・決定権など多様なものがあります。そのなかの一つに関係の対等性があります。

関係の対等性という視点で見ると、人と人との関係は、「タテの関係」「ヨコの関係」「ナナメの関係」に大別されます。「タテの関係」とは、養育・教育・指導や評価をする者とされる者との関係であり、親子関係や教師―生徒関係、上司―部下関係などがあります。「ヨコの関係」は、主導権・決定権などにおいて対等な関係であり、友人関係や恋愛関係、夫婦関係などがあります。本来対等であるにもかかわらず、DV のようにタテの関係（支配―服従関係）になってしまうと、両者の間には緊張が生じやすくなります。また、きょうだい関係や先輩―後輩関係などは、養育や評価などを直接行うわけではありませんが、年上・目上の存在がモデルとなるため、「ナナメの関係」と呼ばれます。養護教諭も教師ではありますが、生徒に対して指導や評価をすることはないため、ナナメの関係として捉えられることが多いです。ナナメの関係では、自分がナナメ下の存在となってナナメ上の人をモデルとすることもあれば、自分がナナメ上の存在となって手本を見せることもあります。

この 3 つの関係のいずれにおいても緊張は生じますが、人によってはヨコやナナメの関係は平気だけれども、タテの関係では緊張しやすいなど、傾向が見られることがあります。また、タテの関係であっても、自分が下の立場（生徒や部下）のときに緊張を感じる場合もあれば、上の立場（教師や上司）に立ったときに緊張を感じやすい場合もあります。どのような位置関係にある人との間で緊張を感じやすいかを把握することで、その人の対人関係の持ち方も見えてくるかもしれません。

（髙坂康雅）

第4章　緊張に対する治療・アプローチ

6 支援者の緊張とセルフアセスメント

支援者の緊張

これまで見てきたように、支援を必要とする人は、身体的な緊張や心理的な緊張、関係性における緊張など、さまざまな形で緊張を示します。支援者は、このような支援を必要とする人に対して支援することで、直接的あるいは間接的に緊張を解いていきます。しかし、支援者も人間である以上、緊張と無縁であることはできません。

例えば、初回面談（インテーク面接）を行う際、来談者（患者、クライエント）がどのような人なのかわからないことが多いです。どういった主訴を持つ人なのか、どのようなパーソナリティなのか、言葉遣いや雰囲気、身体的な特徴など、会って初めて知ることが多いでしょう。専門書などでは、初回面談の目的の一つは関係構築（ラポール形成）であるとよく書かれています。ですが、どんな人かもわからない人と会ったそのときに関係構築（ラポール形成）をすることは決して容易ではありません。来談者が診察室やカウンセリングルームに入り、医師や支援者と会うことに緊張するように、支援者も初回面談では緊張するものです。

チーム医療やチーム学校などでも強調されている「多職種連携」も緊張を生みます。人は自分と同じ背景を持つ相手とは比較的容易に仲良くなれます。出身地や出身校が同じ、以前行っていたスポーツや部活が同じ、同じアイドルやアーティストが好きなど、このような場合、共通の話題も多いですし、親近感も湧きますので、親密になりやすいです。ところが多職種連携の場合、それぞれが持つ背景がまったく異なることは少なくありません。例えばチーム医療では、医師、看護師、薬剤師、理学療法士、作業療法士、言語聴覚士、公認心理師などで構成されますが、それぞれが受けてきた教育やトレーニングも異なり、専門性や、支援を必要とする人へのアプローチの仕方も異なります。「患者／支援を必要とする人のため」という共通の目標があったとしても、それぞれが考える「その人のため」となることが異なっていることも多々あります。そのような場で、信頼関係を構築し、コミュニケーションを取っていくことは、決して簡単ではありません。「どの程度信頼してよいのか」「どのタイミングで発言すればよいのか」「意見が異なっていた場合にどこまで自分の意見を主張すればよいのか」など、常に相手との関係や距離感を探る必要があり、人によっては常に緊張を強いられているともいえます。

これ以外にも、ケースカンファレンスや事例検討会で症例・事例報告を行うとき、いままで連携などをしたことがない関係機関に情報共有を求めるとき、終末期の患者やその家族と関わるときなど、支援者が緊張する場面はいくらでもあります。時には、自殺念慮を持つ人や、事件・事故などの心的外傷を有する人と関わる場合もあり、このような場合には、通常以上に緊張するものです。

支援者も人である以上、緊張するのは当たり前です。ですが、それを支援の場で示すことは適切ではない場合が多いです。先ほどの初回面談（インテーク面接）を例に挙げると、来談者は緊張して来談します。来談すること自体にも緊張があるでしょうし、主訴にも緊張が伴うものがあるかもしれません。そのような来談者を受け入れる支援者側も緊張していてはどうなるでしょうか。初回面談の場は重く息苦しい雰囲気になり、来談者との関係構築（ラポール形成）も困難でしょう。初回面談の目的である来談者に関する情報収集も十分にできません。来談者にも支援者が緊張しているのが伝わり、結果的に、二度と来なくなるかもしれません。多職種連携においても、過度な緊張状態では良い連携はできません。ほかの支援者との関係性や距離感に気を遣うあまり、適切なタイミングで発言したり提案できなかったり、身体が硬くなり、挙動不審になったりすることもあるかもしれません。ほかの支援者から見れば、そのような人を信頼して、一緒に仕事をすることは難しいと感じられ、徐々にコミュニケーションの輪から外される恐れもあります。

もちろん、人の身体や心、関係性などに関わり、時にその人のその後の人生にも影響を及ぼす支援者は、常に適度な緊張感を持って仕事に臨む必要があります。しかし、過度な緊張は支援を必要とする人とのコミュニケーションにおいても、ほかの支援者とのコミュニケーションにおいても、それらを阻害する要因となります（もちろん緊張感がなさすぎるのも問題です）。だからこそ、支援者は自分の緊張状態をアセスメントし、またマネジメントしていくことが求められるのです。

緊張に対するセルフアセスメント

これまでの項目では、さまざまな緊張を有する人をどう理解し、どのように支援するかが書かれていました。支援者が自分の緊張をアセスメントする際も基本的な考え方は同じですが、ここではセルフアセスメント、つまり自分で自分の緊張を理解するところに焦点を当てて説明します。

全般不安症などを有する人であれば、特定の場面に限定されず、さまざまな場面において不安に伴う緊張を感じますが、支援者の場合はそのようにあちこちで緊張が生じることは少ないでしょう。むしろ、特定の場面や特定の相手、特定の状況などにおいて緊張が生じやすい人が多いのではないでしょうか。そのような「緊張の癖」を見つけることが緊張に対するセルフアセスメントの第一歩となります。

例えば、「何度か面談をすれば大丈夫だけど、初回面談（インテーク面接）はいつも緊張してうまくいかない」という支援者がいるとします。そのような人は「初めて会う場面で緊張しやすい」という癖を持っています。「相手が男性だとうまくいくけれど、女性だと緊張して言葉がうまく出ない」という場合には、「女性に対して緊張しやすい」という癖を持っていることになります。そのように自分が自覚している緊張を把握することが必要となります。

なかには、「自分は緊張していない」という支援者もいるかもしれません。しかし、支援者自身が「緊張している」と感じていなくても、「うまく話せなかった」「うまくできなかった」などの背景に緊張が隠れている場合もあります。そのため、自分の「うまくいかなかった」ケースを集めてみるのもよいでしょう。そうすると、「うまくいかなかった」ケースには共通点があり、自分の「緊張の癖」を見つけることができるかもしれません。また、スーパービジョンや教育分析を通して、そのような「緊張の癖」を指摘されることもあるでしょう。

「緊張の癖」に気付いたら、その「緊張の癖」がどこからきているのか、「緊張の癖の源泉」を考えてみることが必要です。この「緊張の癖の源泉」は、もちろん自分自身について考えること（内省）によって見つけ出すことができますが、実際はなかなか困難です。「緊張の癖の源泉」が幼少期の親子関係に起因している場合や、いじめや心的外傷的出来事といった普段は抑圧しているような否定的な出来事から生じている場合もあります。そのような過去の出来事や関係性に由来していなくても、何らかのメカニズム（古典的条件付けやオペラント条件付けなど）によって生じていることも考えられます。これらは本人では意識化することが難しいため、「緊張の癖の源泉」を見つけ出すためには、スーパービジョンや教育分析を受けることが望ましいといえます。

支援者は「自分は支援をする側の人間である」という意識が強いと、支援する相手に生じている緊張などには気付くことができても、自分の緊張には気付くことが難しくなったり、「自分が緊張なんてするはずがない」と思い込んだりすることがあります。ですが、「医者の不養生」という言葉があるように、支援者が自分の心理状況や緊張状態を見落としたり、軽視したり、抑圧したりすることによって、適切な支援を行うことができなくなってしまいます。そして、それは最終的には、支援を必要とする人の不利益という形で現れることになります。

緊張に対処する

自分の「緊張の癖」や「緊張の癖の源泉」を把握することができたら、次は緊張に対処することになります。対処としては、緊張を回避するか、軽減させるかのいずれかになるでしょう。

●緊張を回避する

緊張を回避するというのは、自分が緊張しやすい場面や相手、状況を避けることを意味します。高いところが苦手な人が高いところを避けたり、ケース２のＢのように人前で発表することに恐怖心がある人が人前で発表するような場面を避けたりするのと同じです。

初回面談（インテーク面接）が苦手な支援者や女性の来談者のときに緊張してしまう支援者が、そのような場面ではほかの人にやってもらって、自分は対応しなくて済むようにすると、とりあえずその場の緊張を回避することはできます。しかし現実は、いつもほかの人に代わってもらえるわけではありませんし、スクールカウンセラーのように一人職場のケースもあり、そもそも代わりの人がいないということもありえます。第４章３「心理学的アプローチ①認知行動療法（p.174〜）」でも説明されているように、緊張する場面などを避け続けると、失敗することもありませんが、自分の緊張が実際には失敗を誘発するものではないと思う経験や、緊張はしていたがある程度うまくできたという成功体験、何回か繰り返すことで徐々に慣れてきたなど、緊張を軽減させるきっかけを失っていくことになります。支援者も人である以上、緊張することはありますし、それを避けたいという思いが生じることは当然のことである一方、やはりプロとして（専門職として）支援を必要とする人に向き合う以上、まずは自分の緊張としっかりと向き合い、軽減させていくことが求められるでしょう。

●緊張を軽減させる

では、緊張を軽減させるにはどうしたらよいでしょう。これには、①筋緊張にアプローチする、②認知にアプローチする、③「緊張の癖の源泉」にアプローチする、の３つに大別されると考えます。

①筋緊張にアプローチする

緊張する場面や相手、状況に直面したり、直面することが想定されたりする場合に、筋緊張をほぐすような動作などを行うことを指します。具体的には、リラクセーション法や、深呼吸、軽いストレッチや体操などが考えられます。緊張するような場面において、これらの動作をルーティン的に行うことで、無用な筋緊張がほぐれ、自然体で対応することができるようになります。ただし、貧乏揺すりや指でテーブルをトントンとたたくなど、本人にとっては筋緊張をほぐす動作であっても、相手に不快感を与える恐れのある動作もあるため、その点は注意が必要です。

②認知にアプローチする

第4章3（p.174〜）の社交不安症に対する認知行動療法と同じような考え方のアプローチです。つまり、支援者が自分自身に対して認知行動療法を行うイメージです。緊張する場面（初回面談など）を想像し、どのくらい緊張するのか、緊張した結果何がどの程度うまくいかなくなるかを想定し、また実際に行ってみることで、それらの想定がどの程度実際に生じるのか行動実験を行います。ロールプレイやビデオフィードバックなども必要に応じて取り入れましょう。

③「緊張の癖の源泉」にアプローチする

これは①②に比べると難しいかもしれません。先にも述べたように、「緊張の癖の源泉」は、普段は支援者自身が抑圧しているような事象（心的外傷的出来事など）や、普段は無意識に行っていること（古典的条件付けやオペラント条件付けによるもの）に基づいていることが多く、そのような「緊張の癖の源泉」にアプローチするためには、支援者自身がカウンセリングを受け、それらを意識し、受容したり対処したりすることが必要となり、支援者が一人でできるようなことではありません。これらに向き合うのは、できれば支援者になる前の、大学・大学院などの時代のスーパービジョンや教育分析の際に気付き、それらを受容していくことが求められます。もちろん、支援者（専門職）になった後であったとしても、継続的にスーパービジョンを受けることで、「緊張の癖の源泉」が再発しないようにしたり、新たな「緊張の癖の源泉」が生じたりしないようにする努力が必要となります。

おわりに

公認心理師法第四十三条には、公認心理師の義務として資質向上の責務が規定されています。公認心理師は、心理支援を適切に行うために、知識や技能の向上・アップデートに努めなければなりません。これは法律に規定されているか否かにかかわらず、支援者・専門職として、人の心の健康やその人の今後の人生に関与する以上は、当然行わなければならないことです。

しかし、知識や技能の向上・アップデートばかりに気を取られ、自分の心身の変化に十分に目が向けられない場合があります。加齢に伴い、注意力や判断力が低下することもあるでしょうし、更年期において、イライラや焦燥感が高まることもあるでしょう。長く同じ職場で働くことによって慣れが生じ、適度な緊張感を保てなくなることもあれば、先輩や後輩との関係のなかで、緊張感が高まることもあるでしょう。

緊張は強すぎても弱すぎてもパフォーマンスを低下させるものです。適切な支援を行うためにも、常に自分の緊張の程度を把握するように心掛けましょう。それが、支援を求める人への対応の第一歩となります。

（髙坂康雅）

memo

あとがき

山根：「本、書きたいな」
髙坂：「一緒に書きますか？」

Twitterでのこんな気軽な（軽率な？）やりとりから、本書は始まりました。当時、私（髙坂）と山根先生は直接会ったことも話したこともありませんでした。ただ、お互いTwitterやYouTube™では知っていたので、何となく親近感があり、このようなやりとりができたのだと思います。ところが、山根先生に、具体的に何をテーマに書きたいのか尋ね、「緊張」という答えが返ってきたとき、私はちょっと失敗したと思いました。「緊張」のような日常語あるいは日常的な状態ほど学術的に扱うのが難しいことを知っていたからです。

実際に話をすると、やはり私の考える「緊張」と山根先生の考える「緊張」に違いがあることがわかってきました。しかし、その違いこそが本書のスタート地点であり、またゴールでもあったと、いまになって思います。「緊張」に対してそれぞれが独自の捉え方をし、また独自の方法でアプローチをしている。でも、お互いがそこを知ることもなく、また統合することもしてこなかった。そこで、「緊張」を多分野・多領域から見直し、多分野・多領域からアプローチをし、それを一冊にまとめる。本書の骨格ができた瞬間でした。

本書は、心療内科医、公認心理師、認知心理学者、医療ソーシャルワーカーなどさまざまな専門性を持つ方々に執筆いただきました。それだけ、「緊張」はどこにでもつながっていることがご理解いただけるかと思います。そして、本書を通して、読者の皆さまには、ご自身が普段見ている視点とは異なる視点から「緊張」を見ることができ、それによって「緊張」への理解が深まることを期待しています。

最後に、このような難しい企画に真摯に向き合っていただいた株式会社メディカ出版の藤井亜実さんに、心より御礼申し上げます。

2023年4月

満開の桜に沸く東京にて

和光大学現代人間学部心理教育学科 教授　**髙坂康雅**

索 引

英数

あ

か

編者紹介

山根　朗

淀川キリスト教病院緩和医療内科・ホスピス 医長

■略歴

2008 年 3 月　大阪市立大学医学部卒業

2008 年 4 月　淀川キリスト教病院 初期研修医

2010 年 4 月　関西医科大学心療内科学講座 助教

2023 年 4 月　淀川キリスト教病院 緩和医療内科・ホスピス 医長

■著書

『総合診療 × 心療内科 心身症の一歩進んだ見方』（分担執筆：日本医事新報社）

『そのとき心療内科医ならこう考える かかりつけ医でもできる！ 心療内科的診療術』（分担執筆：金芳堂）

髙坂康雅

和光大学現代人間学部心理教育学科 教授

■略歴

2009 年 3 月　筑波大学大学院人間総合科学研究科心理学専攻修了 博士（心理学）

2009 年 4 月　和光大学現代人間学部心理教育学科 専任講師として着任

2013 年 4 月　同 准教授、学内に適応支援室「いぐお～る」を開室

2018 年 4 月　同 教授（現在に至る）

2019 年 2 月　公認心理師取得

■著書

『思春期における不登校支援の理論と実践―適応支援室「いぐお～る」の挑戦―』（編著：ナカニシヤ出版）

『恋愛心理学特論―恋愛する青年 / しない青年の読み解き方―』（単著：福村出版）

『公認心理師試験対策総ざらい 実力はかる 5 肢選択問題 360』（単著：福村出版）

『深掘り！ 関係行政論　教育分野：公認心理師必携』（単著：北大路書房）

『第 2 版 本番さながら！公認心理師試験予想問題 厳選 200：直前の対策に最適！合格がぐっと近づく！』（単著：メディカ出版）　など

こころJOB Books
誰も が知っている
「緊張」の、誰も知らない
アセスメントとアプローチ
－BPS モデルで理解する

2023年6月1日発行　第1版第1刷

編　著　山根 朗／髙坂 康雅

発行者　長谷川 翔
発行所　株式会社メディカ出版
〒532-8588
大阪市淀川区宮原3－4－30
ニッセイ新大阪ビル16F
https://www.medica.co.jp/
編集担当　藤井亜実／井奥享子
編集協力　光島やよい／綾目 愛
装　幀　クニメディア株式会社
本文イラスト　平澤 南
組　版　株式会社明昌堂
印刷・製本　日経印刷株式会社

ISBN978-4-8404-8180-9　Printed and bound in Japan

当社出版物に関する各種お問い合わせ先（受付時間：平日9：00〜17：00）
●編集内容については、編集局 06-6398-5048
●ご注文・不良品（乱丁・落丁）については、お客様センター 0120-276-115